儿童时间管理

如何科学有效培养孩子的自律

李少聪 著

天津出版传媒集团
天津科学技术出版社

图书在版编目（CIP）数据

儿童时间管理：如何科学有效培养孩子的自律/李少聪著. -- 天津：天津科学技术出版社，2022.7（2023.12重印）
ISBN 978-7-5742-0143-9

Ⅰ.①儿… Ⅱ.①李… Ⅲ.①时间—管理—儿童教育—家庭教育 Ⅳ.① C935 ② G782

中国版本图书馆 CIP 数据核字（2022）第 106019 号

儿童时间管理：如何科学有效培养孩子的自律
ERTONG SHIJIAN GUANLI:RUHE KEXUE YOUXIAO PEIYANG HAIZI DE ZILÜ

策 划 人：杨 譞
责任编辑：杨 譞
责任印制：兰 毅

出　　版：天津出版传媒集团
　　　　　天津科学技术出版社
地　　址：天津市西康路 35 号
邮　　编：300051
电　　话：（022）23332490
网　　址：www.tjkjcbs.com.cn
发　　行：新华书店经销
印　　刷：三河市兴达印务有限公司

开本 880×1 230　1/32　印张 6　字数 150 000
2023 年 12 月第 1 版第 3 次印刷
定价：35.00 元

前言
PREFACE

每天早上起床要叫好几遍,然后磨磨蹭蹭,上学迟到;上课,不是东张西望,做小动作,就是发呆、神游;明明放学就坐在书桌前,结果该睡觉了,作业还没写完;

要画画,找彩笔和素描纸就花了十几分钟;

……

孩子身上的这些问题,归根结底是不会管理时间导致的效率低下。2003年,斯蒂文·赫尔提出"时间商"的概念,时间商是一个人对待自己和别人时间的态度,以及使用时间来创造价值的能力。对孩子来说,时间商就是时间管理的能力。

一般来说,知道如何管理时间的孩子,都有极强的自控能力。他们既能做到高效率学习,又会拥有丰富多彩的课外活动。尤其是以后步入社会,他们也会因为工作效率高，而获得更多的发展机会。

如果不想让孩子因为时间管理而输给未来，父母就需要从小引导孩子学会管理好自己的时间。事实上，在国外，大多数家庭在孩子4、5岁时就开始学习时间管理了。

时间既看不见，又摸不到，跟其他事物相比会有些抽象。要培养孩子的时间管理能力，父母需要先培养孩子的时间感知力，让孩子认识时间。心理研究表明：孩子在2岁半到3岁，才开始产生时间观念。等到6岁，大多数孩子依旧不会认识钟表，无法感知具体的时间长度和概念。培养孩子的时间感知力，可以把抽象的时间变成具象的，或者让孩子感受四季的变化，一天的日升日落等，让孩子通过听觉、视觉、触觉去感知时间。

做事有条理是时间管理的一个重点。如果孩子没有从小养成做事有条理的习惯，长大后做事就会不分轻重缓急，大大小小的事纠缠在一起，一团乱麻。培养孩子有条理的习惯，最关键的就是要给孩子锻炼的机会，不要因为孩子做得不够好或者太慢，而直接包办代替。比如，让孩子自己收拾书包，整理房间，做事有计划等。父母只需要在旁边耐心给予鼓励和引导，或者提供适当的帮助。

培养孩子的时间管理能力，父母一定要忍着不要催促。着急的父母每天念叨最多的就是"赶紧起来，不然要迟到了！""快点洗漱，马上要睡觉了！""别玩了，快过来吃饭""快走！"结果是，父母的催促，只会给孩子带来两个后果：孩子只会记住父母的指令，按父母的想法和命令去行动，从而失去自己管理时间的机会和能力；孩子缺少自我认知，无法独立自主。时间一长，就会对学习缺乏积极性，越来越拖拉。再多的催促，也不能让孩子学会时间管理。最好的办法是放手，把时间管理的主动权归还给孩子，让孩子慢慢练习做自己时间的主人。

管理时间的重点在于培养专注力。很多父母不知道，孩子的专注力正是被自己亲手毁掉了。比如，孩子正在认真做游戏、画画、看书，或者观察，父母一会儿询问他渴不渴，一会儿又问他吃不吃水果……在这些打着关心名义的打扰下，孩子的专注力一点点被侵蚀。所以，当孩子正在投入地做一件事时，父母不要随意参与和打扰。另外，还可以通过听力训练、诵读训练等方法培养孩子的专注力。

时间管理其实就是精力管理，所谓"精力管理"，就是要求我们顺应自然规律，减少负面情绪在体内的积压，找到适合自己的节奏，从而保证身体和思维的活力。要让孩子保持精力充沛，除了保障足够高质量的睡眠，学会压力管理，减少情绪内耗，还要培养每天运动的好习惯。

培养孩子的时间管理能力，父母还可以借用一些时间工具，如日程表、番茄钟、时间银行等，帮孩子学习时间管理，好的方法和工具可以起到事半功倍的效果。

本书共从时间感知力、正确的时间观、专注力训练、精力管理等八个方面阐述了儿童时间管理这一主题。其中再现了大量的生活场景，并给出了精准分析，让父母在感同身受的同时，豁然开朗、拨云见日。最后，给出的建议，皆从现实出发，具有极高的操作性和借鉴性。

学会时间管理的孩子不仅能够高效学习，在考试中取得好成绩，也能够平衡好课上和课外活动，让学习娱乐两不误，拥有精彩高效的人生。

目 录

CONTENTS

第一章
培养孩子的时间感知力

1. 孩子的时间感和大人不一样 002
2. 把抽象的时间转换成具象,利于孩子感知 005
3. 让孩子感受四季的变化 008
4. 让孩子观察一天的 24 小时 012
5. 1 分钟能干什么?带孩子感受时间的长度 014
6. 让孩子感受时间的流逝 017
7. 让孩子认知过去、现在和未来 020

第二章
帮孩子树立正确的时间观

1. 培养孩子珍惜时间的意识 024
2. 早睡早起,就是最好的时间管理 027
3. 教孩子不要浪费别人的时间 030
4. 学会拒绝,教孩子保护自己的时间 033

5. 培养孩子今日事今日毕的时间观.................036
6. 结果导向，让孩子远离"伪努力".................039
7. 效率意识，引导孩子多动脑思考.................043
8. 完美主义是浪费孩子时间的最大元凶.............046
9. 犹豫纠结耗费时间，让孩子果断抉择.............049

第三章
不催不吼，让孩子告别拖拉磨蹭

1. 父母越催催催，孩子越慢慢慢.................054
2. 了解孩子的磨蹭类型，帮助你平息怒火...........058
3. 孩子磨蹭，试试神奇的"时间银行"..............061
4. 温柔说不，不要让孩子在时间上讨价还价.........064
5. 狠下心，让孩子自己承担拖延的后果.............068
6. 每天留出自由时间，让孩子自己支配.............071
7. 周末和假期怎么过，听听孩子的意见.............075

第四章
做事有条理，时间节省一大半

1. 先做重要的事，把孩子从忙乱中拯救出来.........080
2. 提前做准备，磨刀不误砍柴工...................084
3. 事前订计划，让孩子有气定神闲的底气...........088
4. 交叉安排事情，教孩子节约时间.................092

5. 分类和收纳，东西不乱效率高 095

第五章
讲方法，让孩子的学习事半功倍

1. 孩子一天的学习效率，从整理书包开始 100
2. 普通孩子和学霸之间差一个学习计划 104
3. 一定要教给孩子的高效记忆方法 108
4. 教孩子抓重点，提高听课效率 112
5. 利用碎片化时间学习，差生也能逆袭 114

第六章
给孩子受益一生的专注力训练

1. 设置完成时间，让孩子更专注 120
2. 教孩子一次只做一件事，贪多嚼不烂 123
3. 营造专注力的环境，让孩子快速完成作业 127
4. 远离电子产品的诱惑，提升孩子的专注力 129
5. 不轻易打扰，让孩子专注做事 133
6. 孩子坐不住，认清是哪一种专注力缺失 136

第七章
6大工具，教孩子做时间管理

1. 番茄钟工作法，最简单的时间管理工具 142

2. 时间表格——最常用的时间管理工具 144
3. 买个闹钟，让孩子遵守时间约定 147
4. 好用的儿童时间管理工具 App 150
5. 四象限法则，让孩子分清重要的事和紧急的事 154
6. 手把手教孩子制作假期日程表 159

第八章
激发内驱力，让孩子自主管理时间

1. 让孩子自主制订目标，激发能动性 164
2. 不越俎代庖，让孩子自己制订计划 167
3. 找到内在动机，让孩子自觉挤时间学习 170
4. 不再逼迫，让写作业成为孩子自己的事 173
5. 找到喜欢的事，孩子会争分夺秒去做 176

第一章
培养孩子的时间感知力

1. 孩子的时间感和大人不一样

在父母眼里，时间就是金钱，无比珍贵，浪费不得。于是，他们总是嫌弃孩子磨蹭，总是在催促孩子快点，快点！可是，他们从未想过，时间在孩子眼里到底是什么样子？

闹铃一响，沐沐妈就将准备好的衣服放在沐沐床头，并叮嘱她赶紧穿衣起床。

10分钟过去，沐沐妈看到的是，沐沐正拿着裙子在床上一边扭着身体，一边唱昨天刚学的儿歌。

眼看就要错过校车，沐沐妈强压嗓子眼里蹿出的怒火，大声说："沐沐，我们得赶紧穿衣服，校车马上就到了。"

沐沐却不慌不忙地往头上别发夹，说："那我和妈妈一起走。"

"不行。"沐沐妈一边斩钉截铁地拒绝，一边给她光速套上裙子、袜子和鞋子。

下了床，她没有听妈妈的话去背书包，而是直接走向玩具箱。

"我们得走了，你在干吗？"沐沐妈提着书包冲她喊。

"我昨天明明把小兔子放这儿了，怎么不见了？"沐沐埋头扒拉着一堆玩具。

"来不及了,快点走。"

沐沐却还在玩具箱那扒拉……

一边是慢吞吞刷牙、慢吞吞穿衣服、慢吞吞吃饭的孩子,一边是着急上火的父母。更让父母抓狂的是,无论你多么着急,孩子依然慢悠悠。为什么孩子和大人的节奏永远无法同步?

这是因为孩子对时间的知觉跟大人是不一样的。所谓时间知觉,是人对事情发生的顺序性——时间顺序和持续性——时间距离的直觉反应。

比如,在大人眼里刷牙这件事三分钟就可以搞定。而在孩子眼里,满嘴的泡泡挂在嘴边像老爷爷的胡子,对着镜子左看看又看看,真有趣。漱口也是一件有趣的事啊,可以含一口水跑到阳台,吐到花盆里,给花浇水。这样来回跑,乐此不疲。结果10分钟过去了,刷牙这件事还没有完成。

人的时间感是由大脑里的海马体决定的。日本的山口大学时间学研究所的井上慎一教授,在《柔软的生命时光——生命的时间学》书中写道:"在两只耳朵的深处各有一个海马体,它们负责我们的时间感和记忆。当海马体在一件事上对我们发出'要记忆'的指令次数越多,我们在回忆时,就会觉得时间过得越慢。而小孩子对什么都很好奇,海马体就会频频发出记忆的指令,所以小孩子总是觉得时间过得慢。"

回忆小时候,我们是不是也有这种感受:觉得整个童年都悠远漫长?因为童年很多事情都是第一次发生,那时候我们对新鲜事物特别好奇，童年也就夹杂了很多的记忆。这就是小孩子对时间的最初感受，他们没有精确的时间概念。对于过去，他们分不清什么是"刚刚""前天""昨天""以前""很久以前"。对于将来，他们也不搞不懂什么是"明天""后天""一星期以后""一个月以后""一年以后"……孩子能够感觉到的，只有"现在"。

正因为孩子眼里只有"现在"，感觉不到时间的流逝，所以才会兴致勃勃做一些大人看来完全无聊的事。比如，他们洗手的时候，把玩具飞机放在水盆里推着走，他们只是觉得这样做有趣，而不会像大人一样反思："这么做有没有用处？""这么做会给自己带来什么价值？""无聊的事，还是算了吧。"

当我们长大，慢慢只关注那些"重要"的事，海马体发出的指令越来越少，所以就会觉得时间过得越来越快。但我们不能要求儿童和我们的时间感知一样，因为孩子并不能明白为什么父母总是很着急，起床的时候催，吃饭的时候催，上学的时候催，连睡觉的时候也要催。有孩子天真地说："不管时间是什么，我都不喜欢。等我长大了，要给妈妈买很多很多时间，这样她就不会因为没有时间而着急了。"所以，父母要尝试去理解孩子的时间感受。

- **不要用父母的标准去要求孩子**

父母不要用自己的标准去判断孩子的逻辑，也不要用自己的快去匹配孩子的慢。在孩子眼里，父母因为觉得时间紧迫而产生的催促和责骂，就是一种厌弃。他们心里想的是：如果我不快点，妈妈是不是就不爱我了？而不是像父母期望的那样，孩子会加快速度，提高效率。

- **了解孩子"慢"的原因**

作为父母，在孩子慢的时候，要主动蹲下来看看孩子为什么慢。是因为不会，遇到了困难？还是因为好奇，正在探索？还是想要引起关注？其实，更多的时候，孩子的慢并不是故意和父母作对，也不是单纯的贪玩，而是他们对时间没有感知。

就像我们小时候总是盼着自己长大，如今的孩子也一样。我们要理解孩子对时间的感知，不苛求，不指责，慢慢引导。

2. 把抽象的时间转换成具象，利于孩子感知

儿童心理学之父皮亚杰认为，人对于时间的知觉并非天生存在，只有在大脑的推理能力发展到一定程度才会出现。它是随着孩子生活经验的累积而发展，大部分孩子的时间知觉在 3 岁左右才开始萌芽。

儿童心理专家不建议过早逼迫孩子去认识钟表，但要引导孩子去感知时间。让孩子动用不同的感觉器官，去观察、触摸、感受抽象的时间。通过感知时间，为孩子以后学习和认识时间打下基础。

因为时间无法用眼睛看到、用手指触碰，所以孩子没办法理解时间的具体概念。他们不清楚 20 分钟之后去洗漱，半小时之

内必须把饭吃完的含义。他们也许知道昨天是过去的意思，但是不知道具体过了多长时间。

　　这就需要父母将时间具象化，让原本抽象的时间变得容易被理解，帮助孩子感知时间。比如，在说到具体时间时，父母可以用笔画出两条代表时间长短的线条，让孩子知道1分钟与5分钟的"长度"是不同的。有时候，如果知道爸爸再过10分钟就能回家，妈妈可以告诉孩子："等你看完1集熊出没，爸爸就到家了。"父母还可以用手势来表示时间，比如在跟孩子说"再玩10分钟就去睡觉"的时候，用双手的食指比出一段10分钟的距离，当食指间没有距离时，就代表时间已经到了，孩子应该去上床睡觉了。

　　另外，父母还可以通过孩子的听觉、视觉、触觉多方位来让孩子感知时间，让他知道时间并非虚无缥缈，是能够真切感受到的。

- 用听觉感知时间

　　象征时间的声音有很多，父母可以通过闹钟铃声来让孩子感知时间的存在。另外，鼓楼、寺庙的敲钟声、附近学校的上下课音乐铃声都可以帮助孩子认识时间。现在很多汽车上都有广播，孩子每天坐车上学时，车载电台都会准时响起与之前相同的节目。在相同的时间段，听到相同的节目，也能让孩子感知上学的时间。

　　一些有感情的体现时间的声音，会储存在孩子的内心深处，成为永恒的温馨回忆。比如，在农村长大的孩子，听到公鸡的打鸣声就会觉得很亲切。

- **用视觉感知时间**

用视觉感知时间意味着孩子能够通过钟表、日历或是与时间有关的一些图书绘本，清楚直观地意识到时间的存在。

父母在教孩子认识钟表时，注意一定要符合孩子的年龄认知水平，做到循序渐进。孩子在 5 到 6 岁时，能够认识表盘上 30 分钟和 1 小时的含义。父母可以把钟表上的数字用图画进行注释，并贴在相应位置上。比如在 6 点处贴上小床，表示是起床时间；7 点处贴上面包，表示是早餐时间等。或者给孩子一个钟表模型，让孩子当作玩具玩，之后再慢慢引导孩子了解时针、分针的意义。

6 到 7 岁的时候，孩子能够理解一小时有多少分钟，一天有多少小时，也能知道钟表上的两个数字之间代表五分钟。父母可以在家中每个房间都摆一个钟表，平时和孩子聊天时，有意识地教孩子钟表的每根针分别代表什么含义。在 7 到 8 岁时，孩子就能使用小时制来读表，能知道时间早晚以及用什么词表示特定时间。

在 8 到 9 岁的时候，孩子基本上就能够准确读取时间了。所以，教两三岁的孩子去认识钟表，根本是一件不太可能的事情，因为孩子在这时候还不具备相关的能力。

父母可以和孩子一起翻看日历，告诉孩子日历有什么作用，星期的名称都有什么。在看日历的时候，多和孩子交流一下每天能做些什么。比如工作日周一到周五大家都要去工作、上学，周末的时候一家人就可以去游乐场玩。通过这种方法，一步步教孩子认识时间的概念。

书店里有许多关于时间的书籍，父母也可以买一些书和孩子一起阅读，帮助孩子学习关于时间的词语，从而正确认识时间。比如《晚安，月亮》《好饿的毛毛虫》《时钟的书》等都提到了关于时间的知识，能够帮助孩子更好地理解时间。

- **用触觉感知时间**

通过教孩子用手去感知时间，从而静下心来感受时间的变化。父母可以给孩子一个表盘，让孩子闭上眼睛，用手触碰每根针，比较它们之间的区别。最好表盘上的数字是凸起的，用手触摸可以知道是什么数字。这样的话，父母可以设定好时间，让孩子闭眼触摸猜测是几点几分。

父母把抽象的时间融到日常生活中，利用各种机会帮助孩子感知时间、培养时间观念，就可以让孩子逐渐形成遵守时间的良好习惯，不再磨蹭拖拉。孩子有了正确的时间观，自然也就能够很快做到自我管理时间，变得更加自律。

3. 让孩子感受四季的变化

四季的变化，是时间的更迭，让孩子感受四季的不同，就是在感受时间的流动。

春天万物复苏，草长莺飞。花朵、小草等植物都开始发芽，动物们也从沉睡中苏醒。春天无限的生命力,代表着新的希望,是一年新的起点。

夏季,沙滩、海风,争奇斗艳的花朵,是时间在努力绽放美丽的身姿。

秋天一片金黄,落英缤纷,硕果累累,是拥抱收获的时间。

冬天,小草没入泥土,树木陷入沉睡,动物进入冬眠,是万物努力蓄积能量的时间。

古人说"春有百花秋有月,夏有凉风冬有雪。"父母带孩子感受不同季节变化的同时,还可以告诉孩子,地球上的四季是怎么来的,进一步感受时间的转动。

原来,地球并不是垂直绕着自转轴运动,而是稍微倾斜的。这就使得地球公转和自转的两个平面之间存在一个23度26分的夹角。而地球的公转周期为一年,当太阳直射点以一年为一个周期,在南北回归线之间移动,温带地区的四季更替就形成了。

据科学家表示,地球在形成初期是没有这个倾斜角度的,是后来被一颗较大的天体撞击所导致的。如果没有这个"意外"事件,地球上就没有四季变化,也就没有生物的生长周期变化,我们可能连最普通的小麦都吃不到。没有了四季变化,我们生存的环境也很可能会非常恶劣,甚至所有的动植物都会灭绝。

教孩子体验四季的变化,不仅仅是让孩子感受时间,也是让孩子感悟自然,了解和认识我们生活的地球。所以,别总因为怕冷、怕热、怕风而躲在屋里,带孩子走出去,让孩子感受不同季节的美吧。

- **亲自体验四季变化**

春季,父母可以带孩子去寻找春天,带孩子去春游,寻找颜色鲜艳的花朵和清脆啼叫的鸟儿。春季万物复苏,各种植物都应该开花了。父母也可以教孩子做美工,制作桃花或是教孩子唱关于春天的儿歌。爸爸妈妈可以利用家中的花园,和孩子一起种当季的蔬菜水果,让孩子看着自己种的菜一点点发芽、开花、结果,能够给孩子带来成就感,体会到时间的价值。

夏天,父母带着孩子去吃香甜的冰淇淋,踏着海风在沙滩上散步。在换上短袖和凉鞋后,可以时不时询问孩子这些衣物是什么季节穿的,以及天气炎热应该用什么方式降温等问题,鼓励孩子去描述夏天的特点。还可以和孩子一起寻找房间里能够降温的物品。

秋天,可以带孩子去收集掉落的叶子,去采摘、品尝成熟的果实。也可以把水果的图片拿给孩子看,让他说出水果的名字以及水果成熟的季节。还可以带孩子去体验农作物的丰收,并参与其中,感受劳动带来的快乐。

冬天,外面白雪皑皑,和孩子一起穿上保暖的衣服,一起去庭院里堆雪人,体验冰雪之美。

- **阅读关于四季的绘本**

除此之外,父母还可以让孩子通过阅读绘本的方法感受四季的变化。

有一套书叫作《第一眼看四季》，它讲述的是森林里的小动物在四季经历的冒险故事，鲜明的季节特色，给孩子留下了深刻的印象。《城里狗，乡下蛙》这本书，讲述的是城里狗遇见了乡下蛙，它们在季节更替变化中仍然友谊长存的故事。万物虽有变化，但友情常在，这是一本用细腻语言诉说季节、友情和失去的绘本。

- **画一个春夏秋冬**

父母可以引导孩子画出自己眼中的四季。春天，可以画冰雪融化、小草发芽，并且涂上相应的颜色。夏天，可以画一个热得伸着舌头的小狗，一个冰淇淋。秋天，可以画一棵结满果子的大树。冬天，可以画雪人、帽子、手套、火炉等。

- **根据四季变化，将花草摆进餐盘**

做饭的时候，妈妈可以考虑将菜品与季节相结合。有位妈妈就把大自然搬到了餐桌上，她为了让孩子能够感知季节的变化，就在做饭时加入当季的花朵进行摆盘，或者选择时下的水果加入菜品。

这种摆盘方式顶级的厨师也会采用，他们会用当季的食材打造出四季分明的视觉效果，比如用天然的花朵、蔬菜水果，或是具有类似形状和色彩的原料，来塑造成动植物，或是其他一些大自然景观。父母如果觉得自己下厨比较麻烦，也可以带孩子去西餐厅品尝这些精致的佳肴。

孩子对四季变化有一个明显的认知之后，就能清楚地分清每个季节之间的不同之处，对时间的感知力也会有所增强。

4. 让孩子观察一天的 24 小时

太阳东升西落,一天就会过去,当孩子对一天有了认知,就可以引导其进一步认识一天的 24 小时。我们平常说的时间段分别是早上、上午、中午、下午、傍晚、晚上、凌晨。

一般来说,早晨主要是指从 6 点到上午 9 点;上午是指 9 点到 11 点;中午又被称为正午,指 11 点到 1 点这段时间;下午则是指 1 点到太阳落山之时;而傍晚这段时间为 5 点 30 分到 7 点 30 分;至于晚上则从日落之后开始计算,一直到 12 点;凌晨则是夜里 12 点之后到早上 6 点。

虽然 3、4 岁的孩子能够掌握基本的时间概念,但对时间的理解大部分只是停留在表面阶段。等孩子到了 5、6 岁时,虽然对时间的认识有一定发展,但还是不够精细。父母可以引导孩子去观察一天的早中晚,逐步建立起昼夜更替的观念,从而对时间的认知更为精准。

为了让孩子对每一天的时间有所认识,建立起时间是如何一个小时一个小时移动的,父母可以尝试下面的方法:

- **描述在一天不同时间段所做的事情**

每天早中晚都要做不同的事情,这也能够帮助孩子正确区分早上、中午和夜晚。父母可以将一天中的早晨、中午和晚上不同时间段与孩子的具体活动联系起来,采用提问的方式,让孩子对一天的每个部分都有一个形象的理解和认知。

比如，可以问孩子"你什么时候起床洗漱？""在幼儿园里什么时候和朋友一起玩游戏？""什么时候是午睡时间？"，等等。鼓励孩子说一说他在一天的各个时段都做了些什么事情。多说几次，孩子就会慢慢懂得早上、中午、晚上的概念了。

- 利用时钟观察一天的时间走动

对于喜欢问时间的孩子，父母可以选择用生动的方式来解释钟表。晓晓最近总问爸爸："爸爸，现在是早上还是中午啊？"爸爸就会指着闹钟告诉她："现在最短的那根针走到了12的位置，稍长一点的针也走到12的位置，说明现在是中午12点，我们就快要吃午饭了。"

在这种形象化的方式指导下，孩子能够更真切地理解时间。比如早上6点，可以解释为最短的针走到7的位置，稍长一点的针走到12的位置，正是我们该起床穿衣服的时间。而晚上8点可解释为最短的针走到8的位置，稍长一点的针走到12的位置。此时外面的天已经黑了，是上床睡觉的时间了。

- 观察天空来确定一天中不同的时间段

一天的变化在天空上体现最为明显，父母可以在早上让孩子观察从东方升起的太阳，中午观察太阳的位置和早上有什么不同，傍晚再看太阳走到了哪里。晚上，太阳落山了，天变黑了，可以让孩子观察天上的星星，月亮，在白天，是看不到它们的。

父母可以让孩子将自己每个时间段吃的食物画下来，并根据早中晚太阳在天空中的不同位置加以区别表示。通过这种方法，让孩子理解早餐、午餐、晚餐分别在一天中的时间点。

- **玩游戏猜早中晚**

父母可以给孩子买一些活动卡片，上面是小朋友在各个时间段所做的事情。让孩子按时间顺序将活动卡片进行排序，如果活动是在早上进行，就把卡片放在清晨的位置。如果它在中午发生，就把卡片放在午间的位置，以此类推。父母可以通过这种方式来了解孩子对早中晚的认识到了什么程度，是否能够准确识别。如果哪部分还有欠缺，应该及时查缺补漏，让孩子能够分清早中晚各个时间段。

父母在教孩子如何认识早中晚的过程，也是孩子感知时间的过程。在一定程度上可以培养孩子的时间感，让孩子对时间有一个清楚的认知。从而帮助孩子知道时间的宝贵，在以后的学习生活中能够做到珍惜时间，合理分配日常事务，将每一份光阴用到该做的事情上。让孩子能够做好时间管理，合理安排好自己的时间。

5.1分钟能干什么？带孩子感受时间的长度

一年有365天，一天有24个小时，一小时有60分钟，1分钟有60秒。60秒的时间感觉仿佛一瞬间就过去了，似乎显得微不足道。但真的这样吗？"神州十一号"发射出去后能以每分约474千米的速度绕地球表面转，而北京离山东的距离大约是400

千米,如果坐火箭去山东,用不到 1 分钟就到达了。

千万不要小看 1 分钟的时间,这 1 分钟在足球比赛中起到了至关重要的作用,甚至可以扭转局面,改变结果。在第十四届世界杯足球赛中,德国队就是在最后 1 分钟的时间里进了一球,取得了胜利。

父母可以利用孩子熟悉的生活场景让孩子感受 1 分钟的长度,比如,春节期间,1 分钟,某火车站的安检员能检查 12 名旅客,安检机通过了 60 件行李,电梯运送 60 名旅客;1 分钟,外卖小哥行走 120 米,保洁员转动列车座椅 60 个,保洁车清扫站台 20 平方米,铁路线路工巡查线路 50 米。

父母要让孩子感受到,1 分钟看似很短,却能做很多超乎想象的事情。有一本书的名字叫作《苍蝇 1 分钟的生命》,讲述了一个只有 1 分钟生命的小苍蝇完成心愿的故事。这个小苍蝇在生命的倒计时前,被要求完成所有愿望。这个清单很长,小苍蝇完成了醉酒、寻找朋友、参加聚会、俯瞰丛林……但是却被结尾两个任务难住,直到最后一秒,树脂裹住了小苍蝇,才完成所有任务。

虽然只有 1 分钟,但小苍蝇却能做完这么多任务。我们也可以引导孩子想想,在 1 分钟内自己能干些什么呢?比如,可以起床叠被,可以跳绳 80 下,可以跑 400 米,可以写下 12 个英文单词,可以速读一篇约 500 字的文章,可以做 10 个口算,可以背诵一首诗,唱一首歌……

父母也可以把 1 分钟拆成 60 秒,让孩子感受 1 秒的存在。

在这里推荐《世界上的每一秒》，父母可以和孩子一同阅读。这本书的书名是这本书从时间的最小单位"秒"作为切入点，为孩子展现地球上一秒钟都会发生什么。比如，在当下的这一秒里，地球上就有4名婴儿出生，我们的大脑正在处理大约1000万比特的视觉输入信息。

为了让孩子感受1分钟的长度，父母也可以通过计时的方式，让孩子体验1分钟到底有多长。

· 1分钟的心跳

爸爸妈妈可以让孩子测他自己1分钟的心跳次数，由父母进行计时，规定好开始和停止的时间，让孩子数一数自己的心跳次数是多少。一般小学生的心跳次数大约是每分钟90下，孩子可以进行对比，并谈一谈1分钟的感受是什么。如果让孩子看1分钟的动画片，又会有什么感受？

很显然，大部分孩子数心跳时会觉得1分钟很长，看动画片时又会觉得1分钟很短。明明相同的时间长度，却因为做的事情是否有趣而感受不同。做自己喜欢的事情就会觉得时间过得很快，反之，则会感觉时间过得很慢。

· 1分钟的游戏

父母可以和孩子一起玩"猜时间"的游戏，让孩子感知时间的长短。所有人闭上眼睛，谁感觉到了1分钟，就大声说出来。在游戏中父母可以适当保持沉默，让孩子仔细体会1分钟的长度，之后在时间长短上可以有所增加。

父母也可以和孩子一起玩"1分钟穿珠子"的游戏，计时开始，大家同时穿珠子，时间到的时候，数一数各自穿了多少颗珠子，并报数。这个游戏，也可以组织几个小朋友一起玩。

- **1分钟的运动**

父母先计时1分钟，让孩子随便选择一项自己喜欢的运动。可以是跳绳、跑步，或是仰卧起坐等，看孩子在1分钟内做到何种程度，达到什么水平。这种身体力行的运动计时方法，可以让孩子切身体会到1分钟到底有多长时间，真实感受到时间的长度。

虽然1分钟实际上只有60秒，但是每个人的生命恰恰正是由无数个1分钟所组成的。父母要引导孩子认识并珍惜每个1分钟，学会将它化为整体，那么这些1分钟就可以做出很多有意义的事情。

6. 让孩子感受时间的流逝

《论语》有"子在川上曰：逝者如斯夫，不舍昼夜。"意思是孔子在河岸上看着浩浩荡荡、奔涌向前的河水说，时间像流水一样不停地流逝，无论白天还是黑夜。只有让孩子感受到时间一去不复返地流逝，才能促使他们珍惜时间。

虽然钟表的时针一直在匀速向前，但我们感受到的时间速度却不同。艾伦·柏狄克在《时间的质量》一书中提出这样一个观点，人的感知系统必须被带入具体事件中，在事件的影响下，才会对时间长短产生主观的判断和认知。一旦从事件中脱离，就会无法感知时间。因此，我们在不同的事件上，感受的时间流逝速度有时快有时慢。如果开心地在电影院看着精彩的电影，听着优美的音乐，通常就会觉得时光飞逝，而在痛苦低落、郁郁寡欢时则会觉得度日如年。

在这点上，孩子的感觉也一样。时间的快慢最终取决于孩子的心情和做事效率，比如，玩游戏时，孩子会感觉时间过得很快，而做作业则会觉得时间过得很慢。

不管我们的感受如何，时间一路向前，永不回头，不受任何外力的控制。但因为科技的发达，节目回放，存储功能，这都给孩子造成了时间可以倒退的错觉，或者至少可以弥补错失的东西。比如，课上没注意听，大不了课下看回放，这逐渐消磨掉了孩子做事的紧迫感。父母要让孩子懂得，虽然有些事可以弥补，但消失的时间就彻底消失了，再也不会回来。

那么，用哪些方法能够让孩子感受到时间的流逝呢？

- **观察沙漏感受时间流逝**

沙漏是计时的装置，通过细沙从上面区域流到下面区域的时间来进行测量，一般沙漏的运行时间是 1 分钟。当所有的沙子都流到底部时，就代表一次时间的流逝，这时沙漏就可以颠倒过来继续下一次测量。

沙子在下漏的过程中，能够让孩子切实感受到时间的流逝。

一到二年级的孩子对时间空间的概念不够清晰，沙漏会更为直观地表现出来。父母可以规定孩子起床洗漱或是吃饭的时间，用沙漏计时，让孩子在规定的时间内完成任务。利用这种紧迫感，让孩子的行动力得到提高，从而珍惜时间。

- 观察苹果削皮后的变化

我们经常发现苹果削皮后就会发生变化，父母可以给孩子削一个苹果，让孩子仔细观察失去表皮的苹果，看它随着时间的流逝会与之前有什么不同。经过观察发现，削皮的苹果在放置20分钟左右的时候会逐渐变黄，在此基础上再过20分钟苹果就会从黄色逐渐变成褐色。原来是因为苹果中存在的酶与空气里的氧气发生化学反应，从而使苹果的营养成分不断流失，口感也变得很差。

- 观察钟乳石和鹅卵石

父母可以带孩子去一些景区观察钟乳石，探讨它的变化历程。钟乳石是一种在特定区域内，因长时间和一定地质条件下形成的碳酸钙沉淀物的总称。它的形成过程是含有二氧化碳的水，渗进石灰岩的缝隙中，与碳酸钙反应后从洞顶上滴下来，最后变成固体，即为"钟乳石"。钟乳石的产生过程是一段很长的岁月，往往需要上万年或几十万年的时间。通过参观钟乳石能够让孩子知道水滴石穿的力量，以及时间的流逝之久。同时，也可以发现大自然的鬼斧神工。

父母也可以和孩子观察鹅卵石，给他讲讲鹅卵石的变化之路。

鹅卵石原本是一块棱角分明的石头，经过河水成百上千年的击打，被砾石不断摩擦将不规整的部分去掉，又和泥沙一同被深埋于地下数百万年。最后，才变成现在光滑无比的鹅卵石。

只有让孩子真切体会到时间流逝，了解时间一去不复返的特性，才会促使孩子增强对时间的感知力，认识到时间的重要性，从而学会珍惜时间。

7. 让孩子认知过去、现在和未来

孩子可能知道过去、现在和未来的词汇，但还不明白这些词语意味着什么。英国哲学家席勒，曾把时间的步伐分为三种：过往静立不动，未来姗姗来迟，现在像箭一样飞逝。父母可以用易于孩子理解的话来解释这三个时间词汇。

过去包括昨天、前天、上个月，以及之前的所有时间，过去的时间就像一阵风刮过去，消失了，你再也抓不住它，不能拥有它。

那现在又是什么？为了方便孩子理解，可以把现在的时间放在正在做的事情上解释。比如，告诉孩子，你现在正在跳绳，现在正在看动画片，现在正在吃棒棒糖……

至于未来，就是还没到来的时间，比如下一分钟，下个小时，明天，后天，明年……未来的时间存在我们的想象中，它像过去一样都是抓不住的。

事实上，我们唯一能掌控的只有现在，父母要引导孩子关注于当下能做的事，而不是寄希望于未来，或者对过去耿耿于怀。

那么，如何让孩子认知过去、现在和未来呢？

- **乘坐时光列车**

爸爸妈妈可以和孩子站成一列纵队，像开火车一样往前走。先经过第一站过去站，由爸爸妈妈给孩子讲述童年的故事，再讲一下孩子小时候发生的一些有趣的事情，看孩子还记不记得。

火车继续向前开，当列车来到第二站现在站时，让孩子观察现在的场景，父母可以鼓励孩子说一说现在是什么样子，跟过去相比有哪些变化？

当列车停在最后一站未来站时，父母可以和孩子讨论一下将来会是什么样子的，有什么事物会变得更加先进，什么东西有可能会变成现实？

- **去参观博物馆、未来科技馆**

博物馆有着中华过去五千年的历史，父母可以先带孩子追寻过去，寻找遗落在历史长河的痕迹。在参观博物馆的同时，父母要注意让孩子观察过去的事物与现在相比有什么区别，现在的哪些物品是在以前的基础上发展起来的。让孩子在参观中了解古代文化的相关知识，并学会珍惜现在的生活。

未来科技馆则能够看到最先进的技术和研究产品，是最接近未来的地方。孩子在这里能够体验未来科技的智慧成果，看到许多想象不到的新兴智能产品。促使孩子对未来有一个更明确的期盼，感受到科学的强大。

- **阅读历史、科技图书**

父母可以给孩子买一些关于讲述过去、未来的图书，与孩子一同阅读，让孩子了解历史，展望未来。

关于讲述过去的书籍，父母可以买一些中外历史的读物，最好颜色丰富，通俗易懂。另外，有一套书也值得推荐，书名是《生命简史：从宇宙起源到人类文明》。这套书科学全面，特别适合父母和孩子一起阅读，可以一同沉浸在生命演变的海洋里。还可以让孩子清楚了解地球生物演变过程，探究生命的最初起源，让孩子成为生命"从无到有"的亲历者。全书采用故事来讲述科学，知识面覆盖极广，足够满足孩子的认知。

在描述未来的图书中，父母除了可以买科技、科幻类的图书，还可以买一套《给孩子的未来科学课》的科普读物。这套书专门给孩子讲述最新的科技发展，包括机器人、虚拟现实、可穿戴设备、私人太空旅行等多方面。这套书依照孩子的当前的认知能力，让孩子在故事体验中真正爱上科学。

图书将最前沿的科技知识通过讲故事的方式传递给孩子，让孩子从小就建立起科学思维，也可以说是把整个未来带到孩子的眼前。

孩子能够准确地认知过去、现在和未来，也就能够知道过去只能追忆，未来只可展望。而唯一可以把握的就是现在，只有做好当下的事情，规划好时间，才能够有助于实现未来的梦想。

第二章

帮孩子树立正确的时间观

1. 培养孩子珍惜时间的意识

朱熹说:"少年易学老难成,一寸光阴不可轻。"时间的重要性,怎么强调都不过分。珍惜时间,尊重时间,是让孩子受益一生的好习惯。

珍惜时间就是要做到不浪费时间,而被浪费的通常并不是大段时间,而是零碎时间。如果你告诉孩子,如果这么做,就可以节省 5 分钟。孩子会不屑地认为,不过就 5 分钟,有什么了不起?

但零碎时间累积起来,就具有惊人的能量。有人算过一笔账:一个人如果每天临睡前挤出 15 分钟看书,再如果他每分钟能读 300 字,那么,15 分钟他就能读 4500 字,一个月他就能读 13 万多字。那么一年的阅读量就可以达到 156 万多字。如果每本书平均约 10 万字,一年他就可以读 10 多本书。

时间对任何人来说都不是整块的,而是由许多小块组成的,这些小块就是一个人的闲暇和零碎时间。抱怨自己没时间的人总会说:"今天没时间,等明天再做吧。"结果到了第二天,还是没有时间,又要推到第三天,第四天……

真正珍惜时间的人从不会觉得自己没有时间，因为在他们眼里，时间挤一挤总是有的。达尔文每买一本新书，就把它一页页撕下来，放在口袋里。有人觉得奇怪，便问："多可惜，一本书就这样被你毁了。"他回答："我去外面采集标本，无法带上整本书，只能利用零碎的时间，躺在草地上把这一页的内容看完。把一本书保持完整很好，但是放在家里不看，岂不更可惜？对我而言，还是撕下来好。"

只有珍惜每一分钟的价值，想方设法去利用零碎时间，才能有所成就。疯狂英语的创始人，原本英语成绩很不好，四级考试考了几次没过。为此，他制作了许多小纸条，写上英文句子，在能抓住的任何时间去背诵，就是去食堂路上的那几分钟，他也不会放过，常常引来别人的诧异目光。四个月后，李阳在四级英语考试中取得全校第二名的成绩。后来，他在一次演讲中说："一年的零碎时间足以让你攻克英语！"

富兰克林曾说过："你热爱生命吗？那么，别浪费时间，因为时间是组成生命的材料。"青春年少正是努力的好时光，如果孩子不懂得珍惜时间，就很容易把点点滴滴的时间浪费掉，错过努力学习的黄金时间。正如颜真卿说："三更灯火五更鸡，正是男儿读书时，黑发不知勤学早，白首方悔读书迟。"

时间对每个人都是公平的，谁珍惜时间，谁就能在时间老人那里得到奖赏。珍惜时间的人能创造价值，挥霍它的人只能一无所获。那么，父母该怎样培养孩子珍惜时间的意识呢？

- **让孩子体验浪费时间的代价**

既然时间属于孩子自己,那么让孩子自由安排时间。让孩子承担起相应的责任,出什么问题由他自己负责。每天早上父母准时叫孩子起床,之后所有步骤由孩子自行处理。如果孩子因为自身原因来不及吃早饭,父母也不要管,直接送他上学。次数多了,孩子就会知道拖拉的代价,自然就会安排好时间。

有的父母喜欢给孩子一直安排任务,认为会有助于孩子学习。但事实上,这种做法会让孩子感到疲倦、越来越累,更加不会珍惜时间。这就要求父母转变思路,把孩子应该完成的事情预估好时间。只要孩子能在保证质量的前提下,将事情做好就可以。这样孩子就会有动力抓紧时间完成任务,来获得更多玩耍时间。

- **三件事原则**

父母在给孩子布置任务时,不要一起交代。一下子给孩子提那么多要求,会让孩子无从下手。因此,父母应该看着孩子的眼睛,跟孩子说明白只规定三件事。比如:八点半之前,先要把作业写完,再记得收拾好书包,最后要阅读10分钟图书。这三件事的具体时间由孩子自行分配,但任务不能增加或减少。

如果孩子的课业任务增加,父母要保证孩子每三十分钟休息一次,做做运动或喝口水,再去继续学习。但是,一定不要去触碰电子产品,这会影响孩子的专注力。

2. 早睡早起，就是最好的时间管理

叫孩子早起和让孩子早睡，是父母遇到的两大难题。多数孩子总是早上不醒，晚上不睡。

玲玲还没上幼儿园，每天晚上不熬到 12 点就不睡觉，早上直接睡到中午，害得她妈妈每天无精打采，苦恼不已。

更多上了学的孩子是周一到周五还能保证良好作息，但一到周末或是假期，就乱套了。晚上 11 点还不睡，早上 10 点还不起，生物钟全被打乱。作息不规律会让孩子易怒、焦虑，导致自身免疫系统遭到破坏。如果开学后还持续这种作息习惯，就会影响孩子的学习。因为孩子需要充足的睡眠，才能够让细胞组织进行正常的新陈代谢，将白天所学知识进一步加深。因此，孩子早睡的话，记忆力和行动力都比同龄人更胜一筹。之所以会出现上述问题，主要是因为父母没能将孩子的作息时间管理好。孩子若是在睡觉前过于兴奋，再加上父母习惯晚睡的话，孩子就会睡不着，也就直接导致无法早起。上小学后，孩子晚上熬夜多半也和父母的作息习惯有关。爸爸妈妈还不睡，孩子自然也不愿意去睡。想孩子早睡，父母就给孩子做出榜样吧。

晚上八点的时候，大多数家庭可能都在看电视或是玩手机。而这一时段在小文家却是讲故事时间，由妈妈给小文念他最喜欢的童话书。20 分钟后，全家人开始洗漱，喝水。八点半的时候就是熄灯时间，爸爸妈妈坐到小文床前，看他安然入睡。为了保证这种习惯

可以持续，就连寒暑假期间，也依旧维持原有作息时间。哪怕是春节，父母和老人也愿意等小文睡着后再看春晚。正因为小文睡得很早，爸爸妈妈也不能太晚睡觉，于是就形成了良性循环。

孩子的生物钟相对来说较好养成，但父母才是关键。父母要遵循作息规律，按时起床睡觉。作息一旦符合正常的生理周期，那么无论在什么季节，都能做到精力充沛。

坚持早睡早起，孩子的思维也会更加敏捷，在课堂上可以提高专注度，让学习效率更高。他们也更擅长主动学习知识，在课堂上学习热情很高。我们说早睡早起，究竟多早才算早？具体几点早起和早睡最科学？下面针对各年龄阶段的孩子，专家所提出的建议睡眠时间：

各年龄阶段孩子建议睡眠时间	
年龄阶段	建议睡眠时间
出生到3个月	14至17小时
4个月到11个月	12至15小时
1到2岁	11至14小时
3到5岁	10至13小时
6到13岁	9至11小时
14到17岁	8至10小时
18到64岁	7至9小时
65岁以上	7至8小时

父母可以以该表作为参考，根据孩子的年龄来明确合理的睡眠时间。通过孩子的上学时间、路程远近、吃饭洗漱时长来估计何时起床，从而确定何时入睡。一般学龄前应该在 8 点之前睡觉，小学生应在 9 点之前睡觉，初中生则应在 10 点之前入睡。

那么，父母该如何培养孩子良好的作息习惯呢？

- **睡前仪式**

父母可以强化睡前洗漱的作用，只要一洗漱，就代表要上床睡觉了。

另外，要做好睡前的准备工作，比如将电视等电子产品关闭，将卧室灯光调暗等。还可以在睡前半小时让孩子喝杯牛奶，帮助提高睡眠质量。在房间摆放一些薰衣草，在一定程度上也能保证孩子有一个优质的睡眠。

关灯之后无法很快入睡的话，试着转动眼珠或是专注呼吸，将全身注意力集中于呼吸上，仔细感受气流从鼻子中吸入和呼出的过程，可以帮助孩子快速入睡。

- **正确早起**

先设定好闹钟，声音不用过大，但一定要重复多次，在安静的环境下能够听见。记得把闹钟放在远离床的位置，因为如果闹钟就在床边，孩子会不自觉地关闭它，然后继续睡觉。但闹钟离床很远的话，孩子就必须下床才能把它关上。这时候既然孩子已经站起来了，就不得不起床了。

父母可以走进孩子房间，将窗帘拉开，提醒孩子起床。孩子如果不想起，可以让他自己活动一下。按摩或是压腿，这些方式能够促进血液循环，帮助孩子变得更清醒。

另外，父母要让孩子承受晚睡或是晚起的代价，例如迟到受罚等。

- **持续坚持下去**

培养良好习惯是需要父母持续的付出和坚持，在此期间也并非会一帆风顺，总会经历困难，这就会使一些父母和孩子感到灰心。其实出现问题是正常的，习惯本来就需要一定时间才能养成。

我们作为父母，养育孩子最重要的就是让孩子在成年前能够掌握基本的生存能力。因此，父母需要将自己的心态及时调整过来，耐心地陪伴孩子继续往前走。

父母要让孩子清楚地意识到，爸爸妈妈可以是他人生上的引领者、生活中的好帮手、学习中的大朋友，但他自己才是他人生中的直接负责人。父母要培养孩子良好的作息习惯，这会有助于孩子形成自律的品质，对时间观念有正确认知，从而更好地进行自我时间管理。

3. 教孩子不要浪费别人的时间

无端浪费别人的时间，是极为不礼貌的行为。生活中，很多人完全不在乎是不是浪费了别人的时间，习惯性地迟到，给人留下不好的印象。

麦当娜的别称就是迟到天后，她在开演唱会时整整迟到了 50 分钟，当时引来一片热议。之后的一次演唱会中，麦当娜甚至迟到了两个多小时。大家都认为她没有职业道德，没有给予粉丝一定的尊重。

犹太父母从小就告诫孩子，不要浪费别人的时间，他们认为守时是对别人的尊重。我们也应从小教孩子守时，约好了 9 点见，就不要无故迟到。我们要教孩子尽量避免让别人做无谓的等待。比如，一起去郊游，只有一个孩子姗姗来迟，害得一车人都得等着。也许孩子觉得自己不过是晚来了一分钟，但却是对全车人的不尊重，父母一定要让孩子懂得这个道理。

此外，我们也不要让孩子心安理得地享受他人的付出，完全不在乎别人可能为了这一件事花了许多时间和精力。不尊重别人的时间，很容易成为这种令人讨厌的人。

比如，有些孩子不管别人在做什么，就直接去问问题，以为别人也有时间。但实际上除了父母和老师有责任去帮助你，别人并没有这个义务。这样一直去问会给他人带来很大的困扰，甚至打乱人家原有的思路。有些孩子课间到处乱晃，等上课铃响了，还没回到教室坐好，或者在课堂上因为说话、做小动作，而被老师批评。这种行为不仅耽误了大家的时间，而且让同学们无法正常上课。放学的时间，他们又慢悠悠地整理书包，影响值日生打扫卫生。要告诉孩子，这些行为，在浪费自己时间的同时，无形中也在浪费其他人的时间。

父母要教会孩子尊重他人，聚会时不迟到、排队时不插队，与别人小组合作时讲效率，不随便浪费别人的时间。可以参考的具体做法如下：

- **在课堂上专心听讲**

课堂上，一个孩子做小动作不认真听讲，老师花两分钟时间来教育他。这两分钟，全班其他同学一起等待老师恢复上课，等于每个同学都被浪费了两分钟。全班如果30个孩子，加起来就是一个小时被浪费了，这个数字是非常可怕的。

因此，父母应该教育孩子，在课堂上少犯错误，认真听课。不要因为一个人的失误影响全体，毕竟每个人的时间都是有价值的，不应该被轻易浪费。

- **精炼表达**

与人交谈时，要教会孩子直接切入正题，不要拐弯抹角，别人没有时间去猜你到底什么意思。

在请教问题时，让孩子先梳理好思路，把问题想好之后用简洁明了的语言表达出来。问得越具体越好，比如做到哪个步骤出现了什么问题，自己用过哪些方法都没有解决，这样可以让老师或父母更有针对性地帮助自己解决问题。不要什么都不准备，就直接跟别人讨论，无的放矢，只是浪费时间。

在个人发言或讲话时，教孩子学会提炼核心内容，在最短时间内说出重点。比如，可以让孩子练习计时一分钟内表达观点，将自己要说的关键词写下，把最重要的词作为话题主线。然后，多练习几遍，做到表述清楚。

- **准时赴约**

在与他人有约定时，教孩子准时赴约。比如和同学说好周末上午去还书，那么就应该准时到达，不要迟到了还找理由。教孩子准时赴约，就是尊重别人，是与人相处的基本礼貌。同时，准时赴约的人，也会给人留下信守承诺，做事靠谱的感觉。

只有那些能够尊重别人时间的孩子，才能赢得别人的尊重。他们懂得为他人着想的同时，自己也会得到意想不到的收获。

4. 学会拒绝，教孩子保护自己的时间

许多孩子在面对别人的请求时，虽然自己心里很不情愿，但又不敢直接拒绝。那么，为什么孩子宁可打乱自己的时间计划，甚至耽误自己的重要事情，也不敢或者不愿意拒绝？首先，是因为父母不断破坏孩子的"界限感"，导致孩子养成了讨好型人格。心理学研究表明孩子在 2 到 3 岁进入"第一反抗期"，这一阶段随着孩子的自由活动能力和知识的增强，他们开始与父母进行对抗，想向父母证明自己的独立。在这一阶段，父母正确的做法应该是放开孩子，让他们主动尝试。但现实中很多父母却只是将其归结为不听话而进行武力镇压，结果就是破坏了孩子的"界限感"。

在 12 到 15 岁时孩子进入"第二反抗期"，也就是"青春期"。

父母们都觉得孩子在青春期最为叛逆，最难管教。在这个时期，父母对孩子的"镇压"尤为严重。要么关注孩子的交友情况，要么经常与老师私下沟通，就怕孩子在这期间出事儿，于是"界限感"再次被打破。正因为父母总是不尊重孩子的"界限感"，让孩子潜意识里认为自己的"心理需求"不重要，认为只有"顺从和讨好"，才会得到别人的喜欢。

其次，是因为孩子没有拒绝的习惯。无论是传统文化还是家庭教育都在过分强调谦让，一旦孩子说出拒绝，就会被认为是不礼貌的行为。长期在这样的教育下长大的孩子，就会过分在乎他人需求，甚至做出牺牲成全别人。

再者，由于孩子本身不懂得拒绝别人，往往很难接受他人对自己的拒绝，心理比较脆弱。而敢于说"不"的人，通常更在乎自我内心的感受，有着坚定的原则，清楚知道自身的接受情况。

父母要让孩子懂得，拒绝别人是一种权利，同时有意识地培养孩子的这种能力。

- **允许孩子说"不"**

孩子本来是最遵从自己内心的，却因为大人认为要谦让要分享才变得不会拒绝。事实上分享应该是在不损害自身与他人利益、不违背法律的条件下进行的。它的真正的意义不是牺牲一个人的快乐，成全他人，而是作为一种美德，为双方带来欢乐。

父母应该在孩子2到6岁之间就教会孩子说"不"，对于2到4岁的孩子，可以通过读绘本或是肢体语言，告诉孩子这样说

"不可以"。而对于5岁以上的大孩子，父母就可以直接告诉孩子，要大声清楚地说"不"。

性格和习惯的培养是一个日积月累的过程，需要父母尽早开始训练。

- **让孩子体验被拒绝**

很多时候，孩子不敢拒绝是怕被人讨厌，事实是，真正的朋友之间，合理的拒绝，并不会引来反感。父母可以通过让孩子体验被拒绝，来换位感受。

玲玲想骑邻居家的小车，邻居不同意。玲玲告诉了妈妈，她妈妈就告诉她，小自行车是邻居家的，他有权利不借，同样玲玲也有权利不借给别人自己的玩具。

父母要让孩子明白，被拒绝是很正常的事情。每个人都有自己视为珍宝的物品，都有权利维护自己的合法权益。

如果孩子被拒绝的话，我们可以问问他们：

"你现在的心情是不是有点难过？"

"你有没有责怪拒绝你的人？"

"你有没有其他的办法？"

让孩子了解到被拒绝后的心情，只有体验过被拒绝，才能敢于拒绝。

- **学会礼貌、友善的婉拒**

父母需要告诉孩子，在拒绝的时候要委婉一点，说明拒绝的理由。父母可以帮助孩子掌握婉拒别人的方法，既不让别人感到尴尬，自己也不会感到愧疚。比如同学要求帮忙补课，就告诉他："我这几天的计划都已经排好了，不完成会受到惩罚的。我们是最好的朋友，你肯定也不希望我挨骂吧。我听说田老师最近有时间，你可以找他。"当别人向自己借书，就明确告诉他："我也很喜欢这本书，没办法借给别人。我可以告诉你在哪可以买到。"委婉拒绝可以得到对方的理解，让双方都不会觉得尴尬。

勇敢说"不"，是孩子保护自己时间的一种权利，让他们可以不用委曲求全，能够为自己考虑，可以有更多时间去做自己喜欢的事情。

5. 培养孩子今日事今日毕的时间观

"今天学得太晚了，那就明天再复习功课吧！"

"期末考试出现了好几道错题，本来不马虎就能做对的，等我有时间一定好好整理错题。"

"今天要背好多单词啊，可是没时间了，明天再说吧。"

想必，很多孩子都会有这样的想法，但等到明天，又有新的任务。只好再把事情往后拖，如此就会陷入恶性循环，导致目标无法在截止日期之前完成。

培养孩子"今日事，今日毕"的习惯，就是培养孩子管理时间的能力。今日事今日毕是指今天的事情和任务必须当天完成，不能往后拖延。

对孩子来说，今日事今日毕最重要的就是今天的作业今天完成。这么做的原因在于，当天留的作业主要是起复习作用，是将课上内容重新进行巩固。由于老师刚刚教过，记得比较牢靠，做起来不会太吃力。如果不及时做完，没有达到复习的目的，在之后的学习上就会接不上，不得不花大量的时间重新去学习。而且当天作业当天做，数量有限。一旦几天的作业堆积起来，就会很难解决，完成的质量也不会很高。因此，父母应该监督孩子及时完成作业，养成不拖延的好习惯。

今日事今日毕可以让孩子更合理地进行时间管理，做时间的掌控者。拿买东西来说，如果想买衣服、橡皮和铅笔，孩子可能会预想好每件物品的样式、商店位置、交通情况等。如果孩子这一天都没去买，那么他的脑中就会一直存在这些信息，只要孩子没把这件事处理好，它就会一直占据思想空间。这就会给孩子带来很大困扰，无法有精力做其他事情。由此可见，事情存在就要及时处理，才能够得到放松的机会，从而有其他的时间安排。

今天的事情今天做完，效率也会随之提升。把想法变成行动，也就让孩子不再被截止时间所压迫，可以获得主导的快感。当孩子把自己的任务及时做完，就有时间做想做的事情，生活质量也会得到明显提高。同时也会为明天空出时间，不用再去处理未完成的事宜。如果当天能够把任务做完，会让孩子拥有成就感，让孩子对自身能力有明显认知。

父母应该怎样教孩子做到今日事今日毕呢？

- **清楚任务并落实**

孩子要想做到今日事今日毕，就需要对自己当天的任务有一个清楚的认知，合理安排好时间，抓紧将任务一一落实。父母可以让孩子随身携带一个记事本，在本子上逐条列出当日任务，完成一项就划掉。这种方法能够给孩子带来成就感，尤其是做完所有任务之后。

如果孩子不仅完成了当天任务，还节省了许多时间。那这段时间就可以让孩子自行安排，听音乐或是看看书，放松一下心情。

- **找出浪费时间的因素**

很多时候，孩子之所以没办法在当天把计划好的事情做完，就是因为在无形中浪费了许多时间。父母如果想让孩子提高效率，就可以让他们把那些阻碍任务完成的因素写下来，贴在书桌上，做到心中有数。当孩子深刻意识到不应浪费时间时，他们就不会再做那些毫无意义的事情，也就避免了边玩边学或做事懒散等现象出现。

孩子在刚开始时，也许会经常为自己找借口，不是说太累了就是说太晚了，然后就想放到明天再做。这时，父母就要及时告诉孩子："不要让事情越积越多，最后哪件事都完不成。今天的任务一定要全部解决，只有持续坚持，才能看到成果。"

- **学会查缺补漏**

孩子要根据自己的生物钟来进行时间管理，一些小任务可以放在洗漱、吃饭等零碎时间做完。对于学习中的难题、困惑要及时向父母以及老师请教。通过主动去查缺补漏，能够有效地帮助孩子进步。如果遇到一些一时不理解的题目，要做好标记，想办法将其弄明白，之后再不断练习。

- **及时回顾**

每天晚上，孩子应该及时回顾，检查一下自己当天的计划完成情况。记得进行总结，不断复习巩固，从而学会将知识融会贯通，举一反三。

在回顾的过程中，孩子可以进一步发现哪部分完成的不够好，占用了过多时间。在之后的学习中加强对这部分的研究，提高做事效率。

养成"今日事今日毕"的习惯对孩子的学习大有裨益，也会间接影响其性格。一个人如果每天都能把当天的任务做完，那么他一定有着坚韧的品质，有勇气有耐心去面对一切困难。未来虚无缥缈，属于我们的就只有现在，只有今天。从现在开始行动，孩子就会摆脱懒惰和拖延的坏毛病。

6. 结果导向，让孩子远离"伪努力"

一些人看起来非常努力、勤奋，却没有得到理想的结果。事实是，他们并非是真的努力，只不过是为了伪装自己努力的人设，制造一种给别人看的"繁荣"，这种行为就是"伪努力"。

作家李尚龙曾讲过一个学生的故事：

她大四快毕业了,但她的英语四级已经连续考了五次了,还是没过。虽然不影响毕业,但她心里始终像是卡了一根刺,很不甘心。明明她已经很努力了啊,模拟题、真题都做了一堆,可结果却不理想。

她怀着复杂的心情找到了老师,向老师请教。老师看过她带来的模拟题、真题,看到上面密密麻麻地各种画线,圈点。老师也疑惑了,这个学生看起来很努力啊。可为什么通过率百分之八十多的考试,竟然会五次不过呢?

老师开始暗中观察,希望发现她的问题。终于,有一天,这位老师发现她没有出现在她的课堂上。随后几天,她依然没来。而且,通过从其他老师那儿得来的了解,她在很多老师的课堂上,都经常逃课。

原来,她是学生会主席,同时身兼好几个社团的社长。平时事情很多,几乎不怎么在学校。朋友、同学聚会,也总是在和人联系,或者刷朋友圈,分享团队活动。

老师再次找到了她,道出了她五次不过的原因:不够努力。她不解,自己一直坚持每天抽出时间来学习,怎会不够努力呢?

老师笑了,说:"你以为努力只是隔一会儿就刷一次朋友圈?每天做做真题就算了?那是'伪努力'。"

一位清华大学的教授曾说:在中国,差不多有一半的孩子在"伪努力"。他们上课坐在教室,老老实实听老师讲课,不管会与不会,都跟着老师的节奏点头。课后老老实实地做作业,做完作业后，老老实实去刷那些老师推荐的题，或者是自己找题刷。他们表面上很刻苦，实际上学得懵懵懂懂，成绩一塌糊涂。而看着孩子每天辛辛苦苦，却不见进步，父母也会陷入深深的焦虑。

"伪努力"的孩子只关注形式上的努力，而不重视结果。比如熬夜看书，实际上根本没有看进去多少。比如，各种练习册全都写得很满，好像都是自己努力的痕迹，但实际上都是抄答案，连题都没读过。比如，刷了很多题，实际上既没思考也不总结，根本就是写给别人看的，到头来刷再多题也是做无用功。还有的孩子笔记记得很精美，实际是把精力全花在笔记上，根本不知道老师在讲什么。

这些"伪努力"的孩子一般只追求做事的量，而不追求质。写作业做习题经常出现低级错误，学知识也是差不多会就行，根本不研究透彻。在学习方法上，他们也有问题。不会去总结和询问老师正确、快捷的学习手段和解题方法，就一味按照自己的想法和理念去努力。结果一直处于低水平、持续重复的努力之中。

"伪努力"背后的实质是思维上的懒惰。他们只是在用战术上的勤奋，掩盖自己思维上的懒惰。这种思维上的懒惰，是在刻意回避学习中真正需要解决的问题和真正有价值的内容，不仅会影响孩子的学习成绩，还会让孩子变得越来越笨。

对于那些努力是为了获得父母的赞赏的孩子，只是沉醉于那一句"你真努力"，获得虚荣心的满足。但结果不会陪你演戏，假装的努力，早晚要穿帮。

最笨的努力是没有勤奋的努力，告诉孩子，你的努力应该是有成效的努力，而不是无效努力，"伪努力"是比懒惰还要可怕的习惯。那么，如何让孩子远离"伪努力""假勤奋"呢？

- **放低一点对孩子的要求**

孩子之所以陷入伪努力，多半是因为一些父母对孩子要求比较高，迫于压力，他们不得不熬夜学习，周末去各个辅导班补习。这些行为不仅让父母看了很欣慰，最后甚至连孩子自己也被感动了。不如少报几个补习班，少逼孩子刷题，多培养孩子自学和思考的习惯。

- **明确任务的目的**

明确目的就是弄清楚做一件事，结果要达到某种程度。比如，看三页英语书就不如背诵几个单词，或者弄懂一个语法知识点更明确。所以，如果老师留的作业是写生字，那你可以转换为写完后要认识、会读或者会默写，而不仅仅是写完也不记得写得什么。

- **抓重点而不是全面**

有孩子一复习就从第一页开始，一做题就从第一题开始，期望从一而终。这看似没毛病，其实是抓不住重点，只是把会的又瞄了一遍，不会的又没时间去深究。学习要有进步，必须是把不懂不会的学会，弄懂。时间从来不是衡量努力的标准，结果才是。让孩子停止伪努力吧，认真用心的付出才能有所收获。

7. 效率意识，引导孩子多动脑思考

做任何事情都需要花费时间，正是因为有了时间这个标尺，才会看出效率上的差异，而效率的高低正是衡量一个人价值的标准。谁的速度快，谁就是胜者。工作中，谁能在第一时间完成任务，谁就是优秀工作者；学习上，谁能在最短的时间里掌握更多的知识，谁就能名列前茅。因此，向时间要效率，就显得尤为重要。

每个孩子的做事效率不同，有孩子能够专注眼前事，高度集中注意力，从而短时高效完成任务。而有些孩子就很容易受外界干扰，看似读书或者做事，脑子里却在想着其他事，结果迟迟完不成任务。

以作业为例，本来可能一个小时就写完的作业，硬是拖了五个小时还没完成，这就是效率太低。但效率要求的并不仅仅是快，而是在保证质量的前提下的快。仍以写作业为例，如果只是写得很快，不是抄错题，就是验算出错，没有质量，就谈不上效率。

做事讲效率关键要用脑，数学家高斯的故事我们已经耳熟能详了，当同学们都在大汗淋淋地从1加到10，再一直加到100，也不知道写满了多少张纸，还没算出答案。只有高斯在思考1和99，2和98，3和97的关系，几分钟就给出了答案。

同样智慧的还有爱迪生，有一次他递给助手一个空的玻璃灯泡，让他量一下灯泡的容量。过了半天，助手还没报出结果，他抬头看到助手正在忙着用软尺测量灯泡的周长、斜度，然后拿测得的数字埋头计算。爱迪生走过去，拿起空的灯泡，往里面注满水,对助手说:"把里面的水倒在量杯里,马上告诉我它的容量。"助手立刻读出了数字,叹道:"这是多么容易的测量方法啊,又准确,又节省时间,我怎么想不到呢?"

不爱动脑子的人,在学习的时候,一般不会去想一下老师讲这些东西的思路是什么,哪些是自己已经懂的,哪些是需要他重点听的。课后做作业,他们总是按部就班,一把抓地刷题,而不是去思考他的知识体系建立得怎么样了,体系中的哪些环节是薄弱的,哪些需要重点突击,哪些只需要过目熟悉便可。他们从来不会在迷惑的地方耐下心来,深度思索。

有些孩子看似花费别人几倍的时间在学习,但从来不动脑子找方法,只是抱着书死读,大有不把书背完不回头的架势。而有的同学,则是将繁多的知识分门别类,整理出条理顺序,找侧重点深度攻击。如此一来,自然事半功倍。

学习不只是体力活儿,还需要我们开动脑筋。事实上,生活中的所有事,都需要我们开动脑筋。带着脑子做事,不但效率更高,也会更轻松。

当然,父母不能以自己的标准要求孩子做事的效率。在你看来,小学生的作业不过是一些加减乘除,十分简单。但对于孩子,却很难理解,需要详细的思考过程才能解决。比如,两位数加减的口算,父母可能一看题目就知道答案,但孩子是需要在脑海中建立一个全盘的整体运算过程。这中间的速度差异之大,有时可以达到几倍甚至十几倍。再比如抄写,年纪小的孩子连字形都不知道是什么,抄写时往往就需要不断观察，再进行临摹的过程。而父母就不用这么麻烦，因为他们早已知道如何写字。孩子做事又快又好，说明他管理时间的能力很强，否则就很弱，需要父母给予引导。

- **未完成有惩罚**

顿顿吃肉也会营养不良，长时间学习自然会厌烦。我们教孩子把功课分成若干部分，把每一部分都限定时间，例如一小时内完成这份练习、八点以前做完那份测试等。如果规定时间内没做完，设置相应的惩罚。如是几次，孩子就会养成在规定时间绝对完成任务的好习惯了。

- **一次就把事情做对做好**

一次就把事情做对，尽量减少返工的次数。对孩子来说，"返工"是一件痛苦而又浪费时间的事，还会让他对自己产生怀疑：我是不是不行啊。

父母尽量要求孩子在做事之前，做好充分的准备，争取一次就把事情做好，不要寄希望于下次做对。比如，做习题时，要把题目看懂吃透，把解题过程写清，要经过验算确认，保证书写正确，避免被老师判个叉叉，再罚写10遍。

- **一心一用与一心二用**

在珍惜时间方面，孩子首先要做到一心一用。在孩子穿衣吃饭这些小事上，父母可以先和孩子规定好多长时间完成，让孩子专心在这个时间段里做好这一件事情。在写作业上，如果孩子总是边玩边学，最后就会浪费不少时间。父母可以引导孩子将作业分成几部分来写，规定好每部分需要的时间，让孩子在学习过程中要保持全神贯注。通过这种方法，提高孩子的时间利用率，帮助孩子高效率完成任务。

在专心的基础上，孩子可以利用零碎时间一心二用。比如在跑步时听英语课文，在洗漱时背几个单词……让孩子懂得在最短的时间内做最多的事，将碎片时间利用好，无形中也能提高不少效率。

- **停一停，给大脑喘息的时间**

效率绝对不是死磕出来的，有时候，你越是死磕，越是没思路。父母要教孩子学会在百思不得其解的时候停一停。

比如，一道题在尝试了多次之后还得不到解决，让孩子将它先放在一边，稍微休息一下，因为长时间的思考可能会让孩子的思维走进"死胡同"。不妨走出家门，去逛一遭，沉淀思维，放松自己。这样不仅能帮孩子甩掉解题时身心的疲乏，更能激发灵感。等精力饱满、大脑清醒了之后，再来一番总攻，脑子里对于题目就有了完全不同的思路。

培养孩子的做事效率，在短时间内将规定好的任务完成，这对孩子未来进入职场，有着重要的意义。

8. 完美主义是浪费孩子时间的最大元凶

拖延症的本质是，因为无法达到心中那个完美的自己而害怕行动，喜欢拖延的人或多或少都有些不切实际的完美主义。

有完美主义倾向的孩子,往往会因为一个字写的不够好看,就一遍遍擦了重写。或者担心计算错误,一次又一次地验算,结果不能在预定的时间内完成作业,白白浪费了很多时间。

很多人都喜欢追求完美,孩子也是如此,但是,孩子并没有良好的自控能力和协调手段,就会导致在追求完美的过程中,白白浪费了许多时间。

亮亮的妈妈总觉得作业本很快就用完了,没几天就要换新的。妈妈仔细观察后发现,亮亮在写作业时,必须一个错字也没有,不能偏行,不能有污渍,否则重写。就算最后一个字写错,也要撕掉重抄。就这样边写边撕,作业本当然会用得很快。而且,亮亮的作业基本上都要写一小时以上,实际上20分钟就够了。

孩子会出于种种原因而执意追求完美,比如,自己感到舒服,或是可以得到老师同学的赞扬。这种盲目地追求完美不仅会浪费许多时间,还会逐渐成为孩子的负担。

作为父母,我们应该让孩子清楚,没有人是完美的。与其追求所谓的完美,不如去做一个扬长避短的"不完美"孩子。

- **阅读绘本**

绘本《Beautiful Oops!》是一本帮助完美主义者的好书,书中描绘了许多生活中常发生的小状况。很多不够完美的事情背后,也会有着惊喜存在。一个皱巴巴的纸团可以是一件羊毛大衣,洒在衣服上的污渍能够变成兔子……在打开这本书之后,孩子会发现很多神奇的创意,每一页都是从失误转为奇迹。它不仅可以让孩子发现错误的美好，而且能教会父母怎样从正面去对待孩子所犯的错误。

- **改变孩子的错误想法**

孩子会因为恐惧或是犯一点小错误，而联想到如果失败将会发生的一系列可怕后果。这时，父母就要提出问题来查明事实，可以问孩子"这件事还能用其他方法来看待吗？""朋友遇到这种情况，你会告诉他什么？"

当孩子开始应对这些错误念头时，他就会逐渐产生积极的想法：即便我对这次竞赛没有信心，但我尽全力去做，发现其实还是很有趣的。让孩子把这些正面的想法写下来，贴在显眼位置，时刻提醒自己。

- **允许孩子犯错**

父母需要让孩子明白，错误和失败是成功路上必经的过程。在孩子情绪稳定时，父母可以和孩子分享自己曾经犯过的错误，从中获得了什么宝贵的经验。甚至，还可以和孩子一起分析动画片里的人物，他们都经历过什么错误和失败，如何吸收经验来不断进步。

孩子容易自我否定，认为自己不够聪明的话，父母可以给孩子分析一下外在因素。就像考试成绩不理想，也许是因为题目太过主观，没有固定答案；又或是题目本身就是超纲，大家都没办法解决。

- **表扬要注重过程**

父母不要过分看重结果，应该更关注过程。不管结果怎样，一定要表扬孩子做事持续努力的过程。比如，孩子在比赛中没有取得第一名，父母可以说："你真厉害，能够坦然接受自己没有得第一。单单是这一点,也值得我们好好庆祝一下!"

此外,要孩子接纳自己的不完美,父母首先就要接纳自己有一个不完美的孩子。每个孩子都有他们各自不同的个性,父母不能一味地苛求孩子,而应该尊重孩子的个性特点,因材施教。只有这样,才能让孩子从心底接受自己的个性,走出完美主义的困扰。

9. 犹豫纠结耗费时间,让孩子果断抉择

有时候,用在行动前的纠结犹豫上的时间,比用在行动上的时间还要多。但是,人们却毫无察觉。

在心理学上,有个名词叫布利丹效应,指的是当一个人面对两种差不多的选择时,就会犹豫纠结,迟迟无法下定决心。很多时间正是这样被犹豫和纠结浪费掉了。

学校要举行全校性的朗诵比赛,赵雪告诉妈妈:"老师想让我参加朗诵比赛。"

妈妈说:"这是一件好事,你去报名了吗?"

赵雪说:"还没有。"

"为什么?是不是没有想好?"妈妈问。

赵雪说:"听同学们说朗诵比赛只是一个形式,并不能真正锻炼人。有的同学说到时候现场会有很多人,在台上会很紧张的。我有点害怕,不知道该怎么办。"

"如果能参加竞赛,肯定可以锻炼锻炼自己,不过这件事应

该由你自己决定,我只是告诉你我的想法,但是我希望你不要被他人的意见影响。"妈妈鼓励道。

后来,赵雪参加了这次全校的朗诵比赛,并且克服了比赛时的紧张,表现得很好。

很多父母抱怨,孩子没有主见,遇到需要决定的事情时总是左顾右盼,希望从父母那里得到建议和支持。老师也反映一些学生在课堂上从众心理严重,有时候自己的答案本来是正确的,但是发现其他同学的答案与自己的不同,马上犹豫起来,不敢肯定。

早教专家表示,孩子4岁的时候已经有了"权力感",希望一些事情自己做主,如果父母这个时候不注意培养孩子的主见性,很可能使孩子变得优柔寡断,易受他人的意见影响。

选择也许会出错,但是不选择相当于慢性自杀。犹豫时间越长,代价越大。所以,父母要从小培养孩子果断做出决策,避免在纠结犹豫中耗费精力。孩子在选择面前犹豫纠结,多半是因为父母给孩子的选择过多,还不停催促孩子快点。孩子面对条件类似的选项,思路就会被扰乱,没办法果断做出选择。有的父母喜欢干预孩子的生活,导致本应由孩子来选择的机会被父母代劳。孩子没有取得相关的经验积累,自然在遇到选择时就会纠结不已。

父母有时在催促孩子做决定时,会不自觉加大选择的后果,这会让孩子更加犹豫不决。另外,一些父母对孩子有着过高期望,总是批评和打压孩子。孩子无法得到父母的认同,就会丧失自信,不敢主动做选择。孩子不能果断抉择的主要原因就是不够自信,因此，父母想让孩子能够有极强的执行力，就一定要让孩子相信自己的想法。

在不同的意见之间徘徊、犹豫，这不但让人心力交瘁，关键是无法当机立断去行动把事情做好。当孩子被布利丹效应所困扰时，父母需要结合孩子当下的想法，及时正确进行引导，帮助孩子养成果断的性格。

父母可以在平时的生活中培养孩子的自主意识，让孩子从小学会做决定，自己的事情自己拿主意。

· **提供选择让孩子做主**

父母在早期可以给孩子提供选择，让孩子最终做出决定。比如今天穿什么衣服和鞋，去商场买什么食物，从这些小事开始来提高孩子的决策能力。起初孩子可能依旧不知道怎么选择，但父母必须要坚持让孩子自己做决定。这就是为了培养孩子的选择能力，父母只需要提供选择。

当然，这不仅限于买东西和穿衣服上，孩子也可以在吃和玩上尝试自己做决定。比如，早餐吃些什么，周末要去哪里玩。其实，生活中很多小事都能够锻炼孩子的决策能力，让孩子享受自己做决定的乐趣。

· **不让孩子被局限**

并不是所有事情都只有唯一的答案，不要让孩子被父母的决定所局限。父母应该有耐心去激发孩子的灵感，让孩子学会创新，当孩子有问题询问时，父母可以试着表现得"无知"一些，让孩子以为父母也不会。孩子无法从父母那里得知正确答案，就会自己思考。父母可以适当进行引导，时不时反问孩子。当孩子得出正确答案时，父母要及时夸奖和表扬。

- **协助而不是决定**

在孩子尝试做一些决策和安排的时候，父母应该是协助者，负责提供咨询和建议；但不应该是决策者，最终的拍板工作还是应该让孩子自己来进行。

比如，在寒假期间，我们不想让孩子无所事事，就可以通过最简单的"制订日程表"来让孩子学会自我规划管理。但在制订过程中，我们所需要做的是提醒孩子，比如有哪些活动可能是必须安排的，然后让孩子来自己决定如何安排它们。

当孩子面临一些难以选择的问题时，父母可以对孩子说："这是你自己的事，你应该自己来拿主意。"父母把选择的权力和最终的决定权交给孩子，是信任孩子的表现，这会给孩子更多的自信和勇气。当然，这并不妨碍为孩子提出建议，使孩子更好地做决定。

选择对孩子来说，特别关键。过分纠结，不仅会耗费精力，还有可能会错失良机。父母要教孩子不再犹豫不决，做好决定，果断做出行动。不去行动肯定会失败，但下定决心前行还会有成功的可能，所以，行动才会有希望存在。

第三章

不催不吼，让孩子告别拖拉磨蹭

1. 父母越催催催，孩子越慢慢慢

"快点起床！"

"赶紧把衣服穿好！"

"你说这马上就要迟到了，你怎么还这么慢……"

面对孩子的磨磨蹭蹭，父母只能催催催。虽然父母的出发点是好意，为了提醒孩子不要再继续拖延，抓紧时间去做该做的事情。但是往往事与愿违，孩子不仅把它当作耳旁风，还会产生逆反、厌恶心理，最后是越催越慢。

心理学上有个词叫"超限效应"，是指对一件事多次刺激、强度过大或时间过长，就会让对方心里感到不耐烦、逆反。这个词来源于马克·吐温的经历，他听牧师演讲，开始很受感动，决定捐多点。10分钟后，牧师还在讲，他有点烦了，决定捐一点零钱算了。又10分钟过去了，牧师还在讲个不停，他决定一点也不捐。等到牧师终于结束了演讲，他气呼呼地站起来，不仅一点没捐，还从盘子里偷偷拿走了2元。

马克·吐温听牧师演讲时，最初感觉牧师讲得好，打算捐款；10分钟后，牧师还没讲完，他不耐烦了，决定只捐些零钱；又过了 10 分钟，牧师还没有讲完，他决定不捐了。在牧师终于结束演讲开始募捐时，过于气愤的马克·吐温不仅分文未捐，还从盘子里偷了 2 元钱。而这种由于刺激过多或作用时间过久，而引起逆反心理的现象，就是"超限效应"。

父母不停地催催催，不仅会让孩子行动越来越慢，还可能会影响孩子的性格。经常被父母催的孩子脾气会比较急躁，特别容易发火。就算长大后远离家庭环境，也会在做事时无形中感到压力，很容易会因为一点小事就心烦意乱，缺乏耐心。

实际上孩子是有自己的做事节奏，而且大人和孩子的节奏存在生理、智力方面的巨大差别。日常生活中做同一件事情，比如洗漱，孩子所用的时间往往要更长。这不仅因为孩子的熟练程度不够，还因为孩子的肢体动作仍不足够协调。而且，"快"只是父母主观意义上的，根本没有一个明确的标准，孩子也就不清楚到底怎么快，什么才算快。

父母都太急于孩子变得优秀，为孩子大小问题焦虑、担忧，却忘记了在育儿路上还有一个词叫"等待"。意大利教育家蒙特梭利说："每个孩子的成长都有一个程序，在某个年龄阶段该领悟什么样的知识，掌握什么样的能力，是固定的，你没办法强求，若是过分地加以干涉只会毁了他。"美国的临床心理医生爱德华·科伊尔博士提醒父母，最好把自己和孩子之间的心理距离拉开一点，不要过多干涉孩子。过多的干涉和介入，只会打乱孩子的节奏，因为无措变得更慢。

那么，父母如何来解决孩子磨蹭的问题呢？

- **正面引导替代催促**

父母如果总是用催促的口吻和孩子说话，孩子会潜意识获得一些信息：在爸爸妈妈看来，我就是个磨磨蹭蹭的孩子。这会让孩子的积极性受打击，行为也就更为缓慢。

为了解决这种问题，不妨换一种方法。比如在看到孩子不好好刷牙时，妈妈不要再问孩子为什么还在玩，可以换成"等你刷完牙，就可以过来吃美味的早餐啦！"

正面引导会让孩子有一个积极情绪，更容易做好该做的事情。

- **允许孩子磨蹭一会儿**

对于父母来说，自己要坚持的原则性问题不能退让。比如晚上九点之前必须睡觉，吃完饭才能离开桌子。这就需要父母告诉孩子先做完规定的事，才能做想做的事，帮助他们养成自律的好习惯。

而那些不太重要的事情，可以允许孩子磨蹭一会儿。比如，周末出去玩时，多给孩子一些准备时间；吃饭的时候每次少盛一点，让孩子按自己的速度慢慢吃；洗手时让孩子慢慢洗，干净更重要。过度催促会让孩子觉得自己做得不够好，进而影响到孩子的自信心。

- **一次只给予一个指令**

孩子的理解能力有限，对于一系列的指令是听不明白的。父母可以教孩子一步一步来，比如睡前洗漱，先和孩子一起刷牙，刷完牙后再一起洗脸。把任务碎片化，让孩子有时间消化。

刚开始也许每天会多耽误三十分钟，但养成习惯后，孩子的做事速度会得到提高。带着孩子慢慢成长，是父母的责任。

- **设立记功簿**

著名教育专家尹建莉曾提出过：记功不记过。孩子做得好的地方给予鼓励，如果出现错误不要去反复强调。当孩子快速做完一件事后，父母及时夸奖，会有积极意义。孩子若是磨蹭拖拉，那就别去不停唠叨，以免进一步强化，让孩子越来越慢。

尹建莉老师也提出过"给孩子设立记功簿"的方法，当孩子做事保质保量时，父母就让孩子在本子上打钩，后面写上——"今天花四十分钟就完成了所有作业"。这些记录能帮助孩子养成良好习惯，也会暗示自己速度很快。

另外，孩子做事磨蹭时，父母要有足够的耐心去引导。除此之外，父母还应该保持不催促的习惯。不要这几天不催孩子，过几天又恢复原样，那就不会有什么好的效果。

磨蹭是孩子必经的过程，大部分孩子都存在这个问题。关键在于，这些磨蹭的孩子是否能够始终保持对外界的探索热情。如果父母想改变孩子的这个缺点，就要给孩子时间，让他有机会去尝试自己感兴趣的事物。别为孩子拖拉而忧虑，也别毁灭孩子的好奇心。让我们尊重孩子，做不催促的父母。

2. 了解孩子的磨蹭类型，帮助你平息怒火

孩子磨蹭，让父母恼火又无措。其实，孩子的磨蹭也有不同类型，根据不同类型，对症下药，治疗的效果会更好。磨蹭的类型，是根据 DISC 行为模式进行划分的。

DISC 是 Dominanc、Influence、Steadiness 和 Complian 四个英文单词的首字母。意思分别是掌控、影响、稳定和服从。在 DISC 行为模式的基础上，我们可以把孩子的磨蹭划分为四个类型：D 型磨蹭，I 型磨蹭，S 型磨蹭和 C 型磨蹭。

D 型磨蹭是力量型孩子磨蹭，这类孩子喜欢控制和支配自己的行为，希望在任何时候能够掌控全局。他们看重成果，注重效率。为了达到目标，可以不择手段，一切以自我利益为先。他们之所以磨蹭，就是因为失去了掌控力。有的父母就喜欢在孩子作业写完之后，给他留一些课外习题做。这会让孩子觉得，我作业完成得越早，课外习题就越多。那我不如慢慢做，多浪费一些时间。如果父母总是制约这类孩子的行为，不让他们有自己的活动空间。那么，孩子就会变得做什么事都拖拉磨蹭。

I 型磨蹭是活泼型孩子磨蹭，这类孩子善于交际，有话直说，在哪里都特别自信。他们勇于表现自己，很容易被他人的赞叹所影响，总是希望成为所有人的焦点。他们有时也会磨蹭，这是因为他们做事没有耐心且自控力不足。所以经常会由于外界的干扰而分散自身的注意力，做事效率也随之变慢。这类孩子在写作业

时，可能会边玩边学，最后花费很长时间才把作业写完。

S型磨蹭是和平型孩子磨蹭，这类孩子往往充满激情，但又没有交际自信。他们相对比较保守，不喜欢变故，哪怕一直维持现状也不愿做出改变。他们的情绪稳定平和，相对来说比较懂事听话。但是他们会极其在意身边人的感受，却总是忽视自己的情绪，经常选择牺牲自己的意愿，让别人达成目的。如果他们出现磨蹭的表现，就是因为没有计划和目标，缺乏竞争意识。因为他们总是按别人的指挥来走，习惯性地顺从他人。而自己完全没有规划，不知道任务做完之后干什么，结果一天都在那里假意学习来拖延时间。

C型磨蹭是完美型孩子磨蹭，这类孩子一般情绪波动不大，做事喜欢先定计划，并把所有的可能都想到。虽然他们在面对高压会紧张，但是解决问题的能力很强。总的来说，他们往往心思缜密、注重细节，比较追求完美，擅长以发展的眼光看问题。因此，经常会由于太害怕失败而变得磨蹭，不是因为考虑过多无法行动，就是由于一个小失误而停滞不前。他们对自己要求非常严格，在做任何事情前必须先考虑成功的可能性有多大。没有十足的把握，是不会选择开始的。就算开始，也会因为写错一个字之类的小错误，在那里涂涂改改半天，最后浪费了许多时间。

针对孩子不同类型的磨蹭，父母应该有不同的解决办法。

- **D型：给予孩子自由**

D型孩子之所以磨蹭是因为他们的掌控权被夺走，他们最需要的就是自由,不希望自己应有的支配权无法行使。对此,父母应该给予孩子一定的自由空间,让孩子可以自行支配和选择。从而调动孩子的积极性和创造性,高效率地完成目标。

如果孩子能够自行决定自己的计划,他们一定会十分积极,并保质保量地完成所做出的计划。

·I型:多夸奖,多教育

I型孩子情感相对丰富,虽然他们经常注意力不集中,缺乏自我控制能力,但是他们又喜欢助人为乐。因此,父母可以利用这一点,多对孩子进行夸赞教育,从而带给他们更多自信。

另外,I型孩子自我表现能力很强,这就要求父母多给孩子展示自我的机会。比如定期询问孩子的学习情况,看看孩子在课堂上都能学会了哪些知识。

·S型:鼓励孩子表达观点

S型孩子是随波逐流,懂事听话。他们常常迎合他人的想法,听从别人的安排。很少会关注自己的想法,以及自己该如何行动。

父母就应该鼓励这类孩子敢于表达自己的观点,将自己的想法说出来。父母也可以给孩子寻求一个有独立思想的朋友,让他们一起思考。

·C型:让孩子分步骤行动

C型的孩子过分追求完美,注重结果,比较看重全局。父母应该教孩子转移重心,把行动作为关键,而非空想。在做事情时,重要的是分步骤行动。先设定好一个整体的计划,再分步骤——

实行。

随着目标规划的逐步深入，之后的任务要根据现实情况，及时进行改进或是重新修订。父母也需要给孩子预留一定的时间，相信孩子会将所制订的规划完美实现。另外，让孩子不要太较真，有些小失误是可以忽视的，世界上是没有真正完美的事物。

总之，如果父母想要让孩子远离磨蹭和拖延，培养优秀的自我管理能力，就需要先了解孩子磨蹭的原因和具体类型，再根据实际情况制定出相应的解决方案。这样，才能帮助孩子不再拖拉，提高办事的效率。

3. 孩子磨蹭，试试神奇的"时间银行"

时间银行是由埃德加·卡恩提出的，他在中年时因一场重病，对生活的内涵产生了全新的理解。时间银行是指志愿者将公益时长存进银行，如遇问题就将时间提取出来，获得相应的救助。也就是用时间换帮助，银行是媒介。若是应用在儿童教育中，就可以理解为把孩子节省下来的时间当成货币，可以进行使用、储存或是交换。

时间银行能够帮助孩子从知觉、计划等多方面来学习时间，利用好生活学习上的每一秒钟。孩子如果出现乱动、做事拖拉等情况时，父母不要催促他快点把事情做完。不妨去感受孩子的情绪，了解他们的想法，再对孩子进行专业培训。

小莲总是不愿意按时完成作业，妈妈为此决定为她开设一个"时间银行"。"时间银行"的规则包括：把时间分段执行任务、将学习分割管理、化为整体的时间兑换等。经过一段时间的训练，妈妈表示，在这些规则的约束下，小莲在一定程度上克服了磨蹭的坏毛病，学习的主动性增强了很多。

开设时间银行，父母可以让孩子选择一个自己喜欢的笔记本，在上面写上："时间银行"，这就代表时间存折。如果孩子在这方面没有概念的话，父母可以带孩子去银行存一次钱，让他了解怎样去柜台存钱。还可以带孩子去认识自动存取款机，让他试着取次钱。时间银行与银行的定义相似，节约时间是加分，支出或超出时间是减分。用+10，-10来把每一项都详细记录在册，方便以后进行统计。另外，如果时间银行用于写字之类的任务上，就需要对质量进行考察。切记不能让孩子为了预存时间，而求速不重质。

为了鼓励孩子，父母可以在预估做事花费时间的基础上多加点时间，以便让孩子完成后发现还有不少剩余时间可以存进银行。比如，预计25分钟写完，就给他30分钟，其他任务也是采用同样方法。需要注意的是，预计时间要符合孩子自身情况，不能为了激励孩子刻意将时间加太多。比如，一般情况孩子的起床时间是7点，就不要把时间设定在7:30，这样会让孩子觉得规则可以随便更改。在他做不到的时候，就会向你提出时间推迟的要求。

时间银行的设定目的是为了治疗孩子的拖延症，那节约下来的时间被存入银行后，就要交由孩子自己支配，父母只可以适当提出意见。如果父母掌控这些时间，孩子做事的动力就会减弱。

父母还可以根据孩子的喜好，把时间能交换的物品变得更加丰富。比如，孩子可以用节约的时间交换：一家人出去旅游或是远行；想吃的零食、想买的图书；一直感兴趣的玩具；将时间加长一个小时的游戏体验。比如，30分钟能够换一个玩具，500分钟可以去有趣的城市游玩。还可以在周末换成电影、换成去游乐场玩，或是去看书……甚至能够换成钱，存折以十分为基础单位，满三十分可支出，满一百分可换为一元。这主要根据孩子自身情况，制定相应的策略。

有增就有减，如果规定30分钟做的作业，实际完成时间是35分钟，那就要从时间银行里支取出5分钟。

可以想象，在最初设定时间银行的时候，孩子一定是兴趣满满，一天要查看几遍自己的时间存折。但随着时间的推移，孩子的兴趣就会减弱。为了让孩子彻底摆脱拖延，这个办法一定要坚持下去。有研究显示，一个好习惯至少需要21天才能从刻意变得自然，经过90天才能变得稳定。在具体操作过程中，还需要注意以下几点。

- **前21天是关键**

第一周需要确定规矩，并不断进行训练。如果孩子表现得好，可以给孩子一些奖励，让孩子有机会在短期内完成心愿。

第二周父母要适当督促孩子，帮助孩子进行纠正。让孩子把自己存在银行的时间,及时花掉。

第三周加强执行力度,巩固成果。父母给孩子创造一些激励手段,比如设定更多积分。基本上,三周以后孩子就能接受习惯,做事效率也会提高。并且,在此期间孩子也将时间银行的概念了解透彻,熟练掌握技巧。

- **关于时间银行的开启**

在时间银行刚实行时,必须要父母都在场时才可以开启时间银行,存入时间。等到三个月后,才能让孩子自行开启。如果大人不在家,无人看管时,父母可以在固定时间给孩子打电话,提醒孩子。

时间银行的激励方法会让孩子更有动力去做出改变,养成高效行动的习惯。同时也能在一定程度上调节亲子关系,帮助家庭氛围变得更为轻松愉悦。实行一段时间之后,孩子就会发现高效率以及节约时间的优点,进而形成正确的时间观念,帮助孩子进行自我时间管理。所以,存钱不如给孩子存时间。

4. 温柔说不,不要让孩子在时间上讨价还价

随着年龄的增长,孩子慢慢学会了在时间上和父母讨价还价。父母要求他立即关掉电视,他说:"我再看五分钟,就关掉。"父母要求他赶紧去写作业,她说:"我能不能再玩10分钟再写?"父母说该回家了,他说:"再玩一会嘛。"当父母不答应,孩子

就会哭闹，如果父母因为嫌烦而妥协，结果就是有了第一次，就会有第二次……最后，父母不得不使出"撒手锏"，冲着孩子大吼大叫，靠威力制服孩子。

本来该写作业了，孩子非央求妈妈让他看一会动画片。妈妈看到孩子可怜巴巴的眼神，于是心软就让孩子看一会儿，谁知孩子看起来没完没了，迟迟不肯写作业，这时候妈妈只能强制性地拔掉电视电源，连吼带骂地让孩子去写作业。

很多时候，孩子的态度往往是由父母的态度决定的。如果父母总是在孩子乞求、找借口、哭闹、发脾气的时候就妥协，孩子就会知道，妈妈口中的"不行"并不是真正的"不行"，仅仅是"可能不行"，而且这种"可能不行"可以迅速地转换成"行"，只要他们拼命吵闹就可以达到目的。

波波和妈妈一起制定的规则中包括，每天9点钟睡觉。一次，妈妈提前15分钟去波波的房间，和孩子一起进行睡前亲子阅读。看完第一本，正好9点，妈妈要求波波睡觉，波波央求妈妈："书太好看了，我们再看一本吧。"要求了几遍，妈妈心软了，并且想到孩子看书是好事，那就再看一本吧。

第二本看完，波波兴致更浓了，要求妈妈再看一本，这绝对是最后一本。于是妈妈又和波波一起看了第三本书，等到波波终于睡下，时间比规定的晚了50分钟。第二天，波波同样的讨价还价过程又再来一遍。后来，波波和妈妈讨价还价的形势愈演愈烈。

孩子对于规定的睡觉时间总是讨价还价，睡觉这件事就会演变成两种情况：要么妈妈放弃规矩，睡觉时间由孩子说了算；要么每天讨价还价，最终双方都精疲力竭。

讨价还价的坏处是，规矩的界限被模糊了。如果晚10分钟可以，那么晚20分钟为什么不可以？如果"准时睡觉"的规矩可以打破，那么"不要玩电插座"的规矩为什么不可以呢？其实每个孩子都很会看眼色，他的每一个无理要求都是在小心试探，轻易妥协只会让他们不断碰触和挑战父母的底线。

很多父母总是这么想"暂时满足他的要求，下次不由着他性子就行了。"可是往往事与愿违。在该拒绝孩子的时候"心慈手软"，孩子也会在这样的"妥协"中放任自己，甚至变本加厉。

美国著名的教育专家威廉·汉克说，"对于孩子的'无理的要求'，我们不止要对孩子勇敢说'不'，而且说的越早越好。"中国公安大学犯罪心理学教授，硕士生导师李玫瑾也曾说过，对孩子说"不"的时间要早，一定要在孩子6岁之前。父母千万不要以为孩子还小，什么都不懂，大点再说吧，等大了孩子就不会听了。

父母一定要清楚，拒绝孩子不合理的要求，并不是为了拒绝孩子，而是为了以拒绝的方式让孩子明白什么时候就应该做什么事。比如，九点了，就是睡觉的时间了，不能再讲故事了。那么，父母应该如何拒绝孩子呢？

- **拒绝的话语要简洁**

拒绝孩子时，父母说话要简洁："不行，说好的7点练琴，你必须……"如果孩子继续坚持他的无理要求,你要更简洁地拒绝他:"不行。"如果孩子更加执拗,哭闹、喊叫,弄得你很难堪,你可以不说任何话,用沉默拒绝。

- **有原则的事情一定要坚持**

一些原则性的事情,父母就是不能答应孩子。比如原本你和孩子约定好了放学回家后先写作业再看电视,可是这天孩子向你耍赖,非要先看电视。这时你必须让孩子明白,无论他怎么闹,这个无理的要求就是不能答应。孩子"碰壁"了一次,知道耍赖也没有用,那么下次他也不会再如此了。对于过分的要求,没有"下不为例"可言。

- **同一件事情,拒绝的态度要一致**

对于同样的事情,父母的态度要始终如一,前后一致。尤其是要避免父母根据自己的情绪好坏决定对孩子的态度,心情好的时候,想看多久电视都可以。心情不好,1分钟也不能看。这样不仅不会给孩子良好的规范,甚至会伤害孩子。

当孩子提出无理要求并索求无度的时候,父母坚决地拒绝也会给孩子树立一个好榜样,让他明白,即使是拒绝也并不会破坏关系,他也会学会如何对发生在他身上的不合理要求说"不"。

在孩子讨价还价的过程中,孩子和父母都不愿意妥协,你进一步,我退一步,就像拉锯战,结果时间就这样浪费了。唯一的方式就是,对孩子的无理要求不轻易妥协,以免孩子养成讨价还价的习惯。

5. 狠下心，让孩子自己承担拖延的后果

虽然父母对孩子拖拉痛恨至深，但一旦孩子因为拖延误事，父母又会立即冲上去帮忙。其实，在一些特定的时候，让孩子尝点"苦头"是有必要的。你总替孩子的拖延埋单，结果就是孩子从不把拖延当回事。

曼曼每天早上起床慢吞吞，结果时间来不及，妈妈就会拽着她赶紧出门，因此也经常忘带一些东西。一个月总有几次，不是忘带课本，就是忘带作业，要么就是忘带餐具。每次，妈妈接到电话，不管多忙，都立即返家，拿上东西，直奔学校。曼曼似乎也习惯了，对于妈妈说的"明天你再忘带东西，我就不给你送了"不以为然。

心理学家表示，一个人选择了一个行为也同样选择了这个行为所带来的后果，只有承担了后果他才能去衡量之前选择的行为是不是对的？以后还要不要做？以后到底该怎么做？只有让孩子承担了行为的后果才会真正地培养出孩子的责任心。

很多孩子缺乏时间观念，主要原因就是父母的全权代理和过分保护。这样会让孩子习惯于把责任推卸给父母，比如，上学迟到，就埋怨父母不早点喊自己起床。

只有让孩子亲身体验拖拉磨蹭的后果，认识到拖拉磨蹭给自己带来的危害，尝到苦头，孩子才会自觉进行时间管理。

楚楚每周六9点上钢琴课，妈妈每次都催促她8点出门，保

证不迟到。可是，有一次，她赖床，磨蹭到 8 点 30 才出门，事不凑巧，先是公交车左等不来右等不来，后来又因为前面车辆剐蹭堵了一会儿。这下楚楚着急了，她不停地看表。结果，钢琴课迟到了 20 多分钟，老师有些生气了。从此，到了周六，都是楚楚催妈妈 8 点之前出门。

迟到的焦虑感受，孩子只有经历过一次，才能理解那种焦虑的感受，才能记住教训，下次不再拖延。

当然，在孩子因为迟到焦虑的时候，父母不要幸灾乐祸，而是应表达同情，并且赞赏孩子自己承担后果的行为。培养孩子的时间管理能力，借助事实的威力永远比大道理管用。

成长都是在体验中进行的，因为体验带来的是货真价实的经验，而经验是成长必备的财富。每个孩子都是在体验失败、麻烦、挫折之后，才学会去应对。如果父母替孩子挡下一切，铲平前进路上的一切，孩子的能力发展就会缓慢，心理年龄也会远远低于生理年龄。

法国教育家卢梭提出的"自然后果法"，被奉为最有效的教育手段。意思是如果孩子犯错导致了不良后果，那就让孩子自作自受。亲身体验不良后果，有助于孩子吸取教训。

自然后果法的精髓在于"自然"，如果孩子做得好会得到好结果，如果做得不好自然要承担不良后果，这就是成长。父母永远无法代替孩子成长，所以，不如顺应自然，让孩子去承担自己该承担的。何况，孩子在小时候遇到的都是小小的困难，但这也正给孩子提供了学习的机会,也为长大后遇到更大的困难做好了准备。

让孩子承担自己行为带来的责任,在具体执行的过程中,父母需要注意以下几点。

- **"告知"而不是刻意阻止**

父母总是不喜好孩子犯错,为了阻止不良后果发生,就会通过各种手段去阻止。比如,为了阻止孩子迟到而挨老师批评,就不停地唠叨,甚至代劳一切,来让孩子快点到学校。自然后果法重视的就是不良后果带给孩子的心理感受,如果父母根本不让这种后果发生,那自然后果也就失去了意义。

父母要做的不是阻止,而是"告知",让孩子自己选择。比如,你可以告诉孩子,如果起床晚了,就会迟到挨批评,而不是为了能让孩子快一点,而帮孩子穿衣服。父母一定要注意自然后果法的使用态度,最好遵循"事不关己"的姿态,才能让孩子主动扛起自己的责任。

- **"自然后果"发生后慎用惩罚**

很多父母会选择把作业给孩子送过去,但放学后,会对孩子进行训斥和说教,甚至会因为这件事,对他进行惩罚:晚上不允许玩游戏、禁止吃零食一周……

这些惩罚式的教育简单、粗暴,看似很管用,往往一次两次会收到非常好的效果。但这种通过伤害孩子感情或者身体为代价的做法,容易引起孩子更极端的情绪:反抗、憎恨、疏离甚至报复。

他们可能表面上遵照父母的要求做了，但内心是抗拒的，不仅抗拒父母的命令，更会疏远与父母的关系。

- **和孩子商量应对拖延带来的问题**

如果拖延会导致遗忘，那就和孩子一起做一个出门小贴士。父母可以帮助孩子做一个出门小贴士，引导孩子在出门之前先看贴士再出门，例如"钥匙、乘车卡、书包、红领巾、作业本、昨天老师提醒的内容……"，时间久了，孩子慢慢就养成了提前准备，三思后行的习惯了。

很多时候，孩子在犯了错，或者行为失常的时候，父母总觉得自己需要做一些事，来帮孩子记住教训。比如帮孩子解围、惩罚他们、对他们进行无休止地说教。相比之下，让孩子自己承担相应的后果，则要求我们退后一步，让生活成为孩子的老师。只要这些"后果"在安全范围内，都是可以让孩子自己去承担的，然后在孩子需要的时候提供鼓励和指导。

6. 每天留出自由时间，让孩子自己支配

父母把孩子的时间安排妥当，是担心一旦把空闲时间完全交给孩子自由安排，让他随心所欲的话，他肯定会管不住自己，把时间都浪费掉。实际上，父母如果将孩子的所有时间都完全控制，那孩子就会无法主动吸收知识。因为长期处于被摆布的状态，一旦离开了父母的掌控，在面对大量空闲时间时，孩子就会变得不

知所措，无所事事。

给孩子留出自由管理的时间，让他自己决定是玩玩具还是去交朋友，或是跟别人聊天，抑或是发呆……时间看似被浪费掉，实则孩子通过支配时间来感受周围的环境，从而主动去改变自己管理时间的方法。比如，孩子放学自己管理做作业的时间，他慢慢会测算出自己做作业需要的时间。

事实上，会自由安排时间的孩子，比那些时间被父母安排满的孩子更有主见和想法。

对于经常有自由时间支配的孩子，你给他一天时间，他能很快做出安排：去研究一个汽车模型，或是去阅读机械方面的书籍，或去博物馆看看有什么新展品，约几个朋友一起玩。而那些从来没有自由支配时间的孩子，他们一下子拿到时间，最初会意外惊喜，觉得有很多事要做啊，但选来选去，却无法做出最后的决定，最后变得迷茫烦躁。最后，甚至还是会听从父母的安排。当他们习惯了父母的安排，就不再费力去做选择了，觉得那样省心又省力。

给予孩子自由管理空闲时间的机会，不仅是在帮助孩子发展做决定的能力，也是在帮助孩子认清自己。因为当没有了父母的干涉，他们做出的选择才会出自内心，这能帮助他们认识自己，找到自己，做更好的自己。

心理研究表明，孩子在人生成长阶段，需要存在脱离父母控制的、由孩子开辟出的自由空间。所以，父母要给孩子一些时间去自由支配，让他们自主决定做什么，从而让这种空间得以加大，让孩子的身心得到健康成长。

那么，怎样留出自由时间，让孩子自行管理呢？

- **自由时间留多少**

制定日程时将一段空闲时间作为自由时间，不安排任何计划，但需要规定好开始和结束时间。从而帮助孩子理解时间管理需要安排放松和休息时间。最好让孩子在写完作业后，有30分钟自由活动时间。

周末应该给孩子半天的休息时间，由孩子自行分配。在寒暑假期间，每天至少给孩子3到4个小时，让他做自己想做的事情。通过给予孩子一定的自由时间，能够激发孩子的能动性，帮助孩子增强适应能力，提高思维和逻辑水平。让孩子能够自由享受童年的快乐，而不是被辅导班所淹没。寒暑假是孩子压力比较小的时间段，父母可以利用这个时期与孩子及时沟通，解决亲子间存在的矛盾。另外，父母也可借此机会让孩子学会自立，增强团队合作意识。

针对孩子的自由时间，父母可以先和孩子讨论交流，弄清楚孩子想如何支配。有一点很关键，不管孩子想看电视还是玩游戏，父母都不要去干扰。

- **陪孩子参加活动**

父母会对孩子自行管理时间存在担心，怕孩子在学习紧张时期，只知道玩，完全忘记正事。那么，父母就可以和孩子一同参加活动，比如一起去博物馆、游乐园，或是参加一些展览活动。一般孩子都会很喜欢这类活动，既可以让孩子得到放松，又能促进亲子间的关系。

除此之外，父母也可以和孩子玩一些游戏，比如捉迷藏、打球、跳皮筋等。这些游戏可以帮助孩子加强运动能力，促进孩子的健康成长。

- **自由时间需要规则**

父母在给予孩子自由的同时，也要将具体规则告知孩子，让孩子在自我规范的前提下自由，从而更好地进行时间管理。

需要遵守的规则，第一就是安全。孩子可以去获得自由，探索世界，但这要在保证安全的前提下。不要去危险的场合，比如去河里游泳、去山里探险之类的。另外，外出一定要告知父母，不能未经父母同意擅自出门。而且，不能长时间离家。不要随便碰电源插座、煤气罐等易燃易爆物品，以免造成伤害。不要随便爬到窗户外面的栏杆上，会有生命危险。不能随意拿走或是故意毁坏他人物品。

第二是防止过度带来的危害，尤其是在电子产品方面，要设定合理的时间。比如，规定孩子周六有三小时的自由时间，孩子想全部用来看电视或是打游戏，这不应该被允许。父母应该规定每天玩电子产品的时间，最多只能有一个小时。时间一到，就收回，不可以妥协。妥协会让孩子变本加厉的要求更多，如果孩子超时，就用减少自由支配时间来作为惩罚。

我们都希望孩子独立自信有主见，那就给孩子时间去自由支配。在支配时间的过程中，孩子会慢慢学会掌控自己，掌控时间，从而变得独立且自信。

7. 周末和假期怎么过，听听孩子的意见

对于周末或者假期，父母都抱着要充分利用起时间让孩子长知识、长见识的想法，早早就帮孩子规划好了要学什么要去哪里。结果，父母花钱出力，孩子却不情不愿，惹得父母直接开启不是催就是吼的管教模式。

其实，为了培养孩子的时间管理能力，父母可以适当让孩子参与安排自己的周末和假期的。不要觉得如果让孩子自己决定，孩子肯定只安排玩，而不安排学习。恰恰相反，即便是刚上一年级的孩子，也有写作业的意识。这个意识之所以常常被忽略，是因为父母关注的比孩子还多，导致孩子不用关注了。

当孩子一点点长大，我们也要相信他的能力正在一点点增长，有自己管理自己事物的能力，何况这是他的权利。当然，孩子还小，不能全部放手，但至少需要和孩子商量。先听听孩子周末和假期想做什么，然后对他没有想到的地方给予提示。你让孩子觉得这是他的假期，他可以自己做主安排，他的热情就会越高。

影响孩子成长最关键的一点就是自我教育，而培养孩子这

种能力的重要时期就是放假。在周末和假期中,如果孩子能自己做好规划,将生活和学习的方方面面打理好,就能提高自我教育能力。

假期的存在是为了让孩子调整歇息,放松身心的,这就需要父母把主动权归还给孩子。至于放多少权给孩子,要根据孩子的不同年龄段来计算。

小学时期:该年龄段的孩子想要得到父母的认可,父母可以适当安排孩子做些力所能及的事情或家务。比如,让他自己决定什么时候写作业,一周帮忙洗几次碗,扫几次地……在他做到或者有进步的时候,给予鼓励。

初中时期:这时的孩子能力见长,父母可多让其独立做些事情,实现自我肯定。比如,允许他独自去图书馆,独自出门见同学等。

高中时期:孩子会更希望亲身体验真实社会情境,帮助自己以后进行专业选择和规划。父母可以让孩子去做些兼职,做短途旅游等,从而让他更深入了解自己的特点,以便对未来进行精准定位。

学校放假了,有人发朋友圈调侃"神兽已出笼,各回各家,各气各妈。"现实也真的是,无数家庭开启了鸡飞狗跳的模式,妈妈气得血压飙升,朋友圈一片盼开学的哀号。然后,好不容易熬到开学,朋友圈更新"神兽归笼,老母亲笑出了声,哈哈哈哈"。可见,放假对父母是多大的煎熬,开学让多少父母松了一口气。但不管孩子回家让父母多么闹心，孩子是需要周末和假期的。

放假代表着学习可以暂时停止，到了休息阶段，孩子能静下心来回顾之前学过的知识。尽情享受过假期的孩子，在下学期会更有动力认真学习。虽然学习对孩子极为重要，能够决定孩子未来的很多方面。但是，学习只是人生中的一件事而已，孩子还需要交际，与别人相处。比如拜访亲友就是一种亲情教育，帮助孩子提高孩子的社交能力，在现实中学习为人处世的礼节。

尤其是寒暑假，方便父母调整工作时间，带孩子出去见见世面。游玩会比学习书本上机械教条的知识更有用，因为读万卷书，不如行万里路。了解各地的风土人情，知道大自然的奇妙，不仅会让孩子增长见识，还能提升孩子的幸福感。不要再把孩子当成襁褓中的婴儿，从进入小学开始，父母不妨把属于他的周末和假期交给他，或者和他一起制订一个计划，这样才能度过一段有意义的时光。具体怎么做，让我们听听孩子的想法吧！

- **约定玩耍和学习的时间**

放假虽然可以休息，但要收放自如。这就需要父母跟孩子约定好每天玩耍和学习的时间，周末每天学习不少于 5 个小时，假期每天学习不少于两个小时，最低标准也是要在开学前将假期作业写完。孩子如果愿意每天多写一点，之后就可以适当减少学习时间。

实际上，假期也是一个学习的阶段。尤其对于基础差的孩子，可以利用好假期时间，在放松的同时，将自己的功课好好提升一下。

· **报课外班要适度**

父母要依据孩子的意愿选择适合他们的兴趣班，才会产生效果。不同孩子有不同的选择，有的孩子擅长绘画，有的孩子喜欢音乐，有的孩子对舞蹈感兴趣，这就需要父母听听孩子的意见再决定。如果孩子在学习上存在薄弱的学科，只需选择一门最差的科目，在这个假期进行补习。如果孩子还愿意多学，也可以多报几个学科。一般情况下，上兴趣班的时间以20天为准，不能过长，否则会让孩子的兴趣程度降低。

周末和假期不应该全部被占用，劳逸结合才会有助于下一阶段的学习和工作。父母没事多和孩子交流，听听孩子的建议。孩子不是学习的机器，他也会劳累疲惫，也会需要休息。给孩子一个充实的假期，而不是只有课本卷子的假期。

· **满足孩子合理的假期要求**

有的父母表面上是在听孩子的意见，但孩子说完，就找各种理由去反驳或者根本就不重视。这样一来，孩子也不再有参与的热情了。反正说了等于没说，干脆不说。既然让孩子参与，那就适当采纳。对于孩子合理的要求，有条件的话，尽量满足。

当然，让孩子当家作主并不是放羊，但要给他一点自主权，这样他才能变得更主动更自律。

第四章

做事有条理，
时间节省一大半

1. 先做重要的事，把孩子从忙乱中拯救出来

很多孩子往往本末倒置，每次都是把自己喜欢做的事做了，而真正应该去做的却没完成，例如家庭作业。但是，与自控力有关的前额叶皮质，要到青少年后期或者成年早期才能完善，所以孩子常常被那些想要做的事和喜欢做的事吸引、诱惑乃至打败。

周末，琪琪很早就起床了，因为这个周日她实在是太忙了。她和朋友约好了9点去游泳，下午3点要去上书法课，晚上约了去小区广场滑轮滑，还要写老师布置的4张卷子，其中两张语文卷，还有一篇800字的作文。

琪琪着急忙慌地赶着作业，一边和同学沟通去游泳的事宜，同时计划着几点赶回来，才不耽误下午的书法课，一边念叨作业恐怕是完不成了，被老师批怎么办？

妈妈看琪琪忙得焦头烂额，建议她试试ABC时间管理法，也许就不用这么慌乱了。

"什么是ABC时间管理法？"琪琪问。

妈妈告诉她，ABC时间管理法由美国管理学家莱金提出，就是以事务的重要程度为依据，将待办的事项按照由重要到轻的顺序划分为A，B，C三个等级，然后按照事项的重要等级依

据完成任务的做事方法。其中，A 代表今天必须要完成的事，一般占所有事情比重的 15%；B 代表为达成目标计划要做的事，占所有事情比重的 20%；C 代表自己想要做的事，占所有事情比重的 65%。

按照这个标准一衡量，琪琪很快给出了答案。作业当然属于 A，周一必须交，书法班是固定的，也必须上，属于 A。游泳和滑轮滑则是愿望，属于 C，她转过来又有点失落地说："但游泳不能不去啊，都约好了。"

妈妈说："那你得保证有时间把作业写完。"

最后，琪琪想了想，决定游泳的时间从 4 小时缩短为 2 小时，同时把滑轮滑取消，这样安排时间就差不多能完成作业。

ABC 法则能清晰准确地帮孩子识别出必须要做的事，父母要从小给孩子传递这样的做事概念，以免因为想做的事耽误了必须要做的事。

张亚勤是微软公司的亚洲研究院院长，他回忆从小母亲对他的教育时说，妈妈给他印象最深的一句话是"你必须先把应该做的事情做完，然后才能去做想做的事。"在妈妈的要求下，他每天三点放学，回家的第一件事就是写作业，然后才出去玩。

千万不要小看这一点，这个排序会避免孩子只顾做喜欢的事而忽略必须做的重要事情，结果得不偿失。

林海坤五年级的时候，迷上了写小说，即便是上课，他也在忙着构思自己的小说。起初，他还能勉强跟上老师上课的进度。

可随着课程的难度逐渐加大,他有些吃不消了。写小说占用他太多时间,他的成绩开始急速下滑,以至于他对学习的热情开始减退。后来,摇号进入一个普通中学,他写小说的热情也没有了,又迷上了游戏。

当然,这个 ABC 时间法并不是死的,也就是说按照这个方法制订的时间表是可以随时调整的,可以根据具体情况的变化调整。只要能在规定的时间内完成,适当调整一下做的顺序也无伤大雅。比如,周末要去公园和写作业,可以从公园回来再写作业,只要保证在周一前完成即可。除了顺序,时间的长短也可以调整。比如,因为要准备期末考试,孩子可以微调自己的放学后时间安排表,如下表:

放学后的时间安排

主要事项	分类	时间	考前调整	调整后
每日作业	A	60 分钟	每日作业	60 分钟
语数英预习	A	30 分钟	语数英复习	60 分钟
英语阅读	B	10 分钟	英语阅读	10 分钟
语文拓展阅读	B	30 分钟	语文拓展阅读	20 分钟
练琴	C	25 分钟	练琴	10 分钟
写日记	C	15 分钟	写日记	10 分钟
下棋等娱乐	C	40 分钟	下棋等娱乐	40 分钟

为保证 ABC 法则使用过程顺利,父母还要让孩子明白以下

几点。

- **必须做的事刻不容缓**

  告诉孩子A类里的事情虽然都是非常重要的，也是分等级的，比如有些可以调整顺序，只要保证在时间范围内完成即可。但有些事情却是刻不容缓的，比如高考就要进考场了，你忽然很想去吃点儿东西。但吃完肯定就进不了考场了。这时候，十年寒窗换来的高考相比吃东西，孰轻孰重压根就不需要纠结。从小就让孩子认识到哪些事必须先做，哪些事可以后做，才能保证孩子在大事前不慌张不迷糊。

- **必须做的事都不容易**

  有时候必须做的事和想要做的事，并不会像写作业和玩游戏一样界限分明，那么还有一个判断标准可以教给孩子。很简单，如果这件事完成起来不那么容易，通常就是必须要做的事了。

  学习、考试以及对自己未来的规划等，无疑都是最不容易做的事。但恰恰它们就是必须要做的，正因为必须要做，所以才不会那么容易。容易的，都是自己想做和希望做的。

- **适度减少C类事情**

  前面说过，C类事情占所有事情比重的65%，所以当AB两类事情加重，可适当减少C类事情。如适度授权，简化处理、合并处理等，以节约更多时间。不过，对孩子来说，玩耍的时间也是非常需要的，不可过度地克扣用作学习，那样反而会降低学习的效率。即便是大人也需要一些娱乐时间，然后才能更好地工作。

教孩子利用 ABC 法则分清楚必须要做的事，就不会抓不住头绪，到了最后关头才去手忙脚乱地做该做的事。

2. 提前做准备，磨刀不误砍柴工

关于磨刀不误砍柴工的故事，肯定有父母给孩子讲过，就算没讲过，孩子肯定也从别的地方了解这个故事。

故事的道理是，如果我们不肯花几分钟时间去把砍柴的刀磨得锋利，那么我们就得用一个钝斧头去砍柴，这样效率就会大大降低。这个道理看起来没有丝毫的难度，小孩子理解起来也不费力，但要让孩子从小践行这个理念，却不那么容易。

比如，老师留了一份手工作业，孩子如果不习惯准备，通常是拿两张纸和一把剪刀就开始动手了。然后，在做手工的过程中，发现还需要胶棒、吸管、水彩笔、油画棒、废旧纸盒、毛线等。每发现需要一样东西，就去东翻西找。本来半个小时就能完成的手工，一个小时也没有完成。

这还是情况允许，可以在中途去寻找缺的东西，如果条件不允许呢？比如在课堂上，该准备的东西没有准备，连借的机会都没有，是不是更耽误事儿？如果要春游，孩子却没有准备要带的东西，临出门才慌慌张张往背包里塞东西，是不是很容易落下要带的东西？

要让孩子养成事前思考做准备的习惯，多留一些时间做基础工作，准备扎实，避免临阵抱佛脚都来不及。如果能提前把需要的东西都准备好，事情就会顺利得多，效率也会高得多。

有父母认为需要制订计划的必然是大事。但如果不能在教孩子在小事上养成习惯，又如何能在大事上践行？培养孩子做准备的习惯，就需要从日常小事做起。

展鹏计划和爸爸一起周六早上去晨跑。爸爸说那你准备好，我们明天早上6点半出发，他说没问题，跑个步有什么好准备的。

第二天早上，爸爸来喊展鹏出发，他还没睡醒，迷迷糊糊爬起来，套上一件卫衣，蹬上一双鞋就出发了。即便是这样，出门的时间也还是比爸爸预定的6点半晚了20分钟。

可是，跑了没多远，展鹏就喊脚疼，鞋子不舒服。过了一会又喊太热，卫衣太厚……

晨跑结束，爸爸问展鹏，感觉如何？

展鹏有点不好意思地说，应该提前准备一件短袖或者薄的长袖。

"看来准备工作还是要做的，有句俗话怎么说来着……"爸爸故意顿了顿。

"磨刀不误砍柴工。"展鹏抢着说。

"对对。"爸爸笑着直点头。

仔细想想，其实任何事都需要做一些必要的准备工作。比如，就算周末要去附近的某个景点转悠转悠，也需要提前查一下路线，准备好饮用水、口罩等。尤其是在工作中，如果没有准备，我们的努力、勤奋、忠诚就像是建立在沙堆上的房子，稍微风吹雨打就坍塌了。

比如，你约了客户面谈一笔业务，客户到了，你才发现该复印的材料和合同还没准备好，匆忙去复印。等打印好了文件，满怀歉意向客户介绍的时候，才发现合同里应该修改的部分没有修改过来。等你再去修改内容、打印，客户早就不耐烦地转身离去了。

凡事做好充分准备，做事过程中才不会慌张忙乱，影响效率。所以，父母一定要让孩子从小养成提前做准备的习惯。父母可以在日常生活中，教孩子提前做好准备。下面，我们以写作业为例，来看看孩子需要做哪些准备。

1. 身体准备

不要看见孩子进门，就急吼吼地说："赶紧去写作业。"可以让孩子喝点水，吃点水果，因为水果可以很快转化为葡萄糖，给孩子补充能量。吃点水果后，休息15分钟左右，就可以写作业了。

2. 时间准备

在写作业前，预估所需时间，不仅可以防止孩子拖拉，还可以让孩子在既定时间内完成后获得成就感。一般来说，小学的同步练习作业应该在半个小时内完成，知识点掌握比较牢固，20分钟就差不多。

需要注意，这个写作业的时间最好交给孩子自己设定，而不是父母强制设定。如果父母设定的时间太短，孩子完不成，就容易产生挫败感。即便父母设定的时间很宽裕，孩子也会因为逆反而故意拖延。

3. 环境准备

写作业前，要提前把桌子上的玩具、零食等和学习无关的东西都转移走。好的学习环境还包括关闭电视，不唠叨，不打扰，可以帮孩子关上房门，让他安静地、独立地写作业。

4. 用具准备

写作业要用到的尺子、橡皮、笔、字典、草稿纸，一定要提前准备好，放在伸手可以够到的地方。对于低年级的孩子来说，要把铅笔提前削好。对于高年级的孩子，最好准备一两个备用的圆珠笔和钢笔，否则作业写到一半，需要修钢笔，真的是浪费时间又影响心情。草稿纸也是非常重要的工具，有的孩子不喜好拿草稿纸，就在书的空白处乱画，结果准确率不高，书弄得很脏。可以多准备一些单面的废纸或者废旧作业本，让孩子养成打草稿的好习惯。

5. 知识准备

很多孩子都是拿起作业就开始写，但如果课堂上的知识没有掌握牢固，就会出现写作业卡壳的现象。所以，写作业前应当先把当天学的知识复习一遍，像放电影一样把所学的内容在脑子里过一遍。一般 5～10 分钟就够，复习不仅有利于提高写作业的速度，还能温故知新，加强记忆。

有些道理看起来旧得像一块烂抹布，但却真真切切地好用，磨刀不误砍柴工的道理就是这样。所以，在孩子做任何事之前，都不要让他盲目的开始，那只会陷入没有头绪的纷乱，浪费时间。

3. 事前订计划，让孩子有气定神闲的底气

古人说，凡事预则立，不预则废。如果孩子凡事都没有制订计划的习惯，就很容易手忙脚乱，眉毛胡子一把抓。比如，复习没有计划，一到期末复习的时候就慌张。比如，没有花钱的计划，零用钱总是花不到月底就一分不剩。再比如，作业没计划，周五放学就开始放飞自我，总觉得时间还多，明天写不急，结果直到周日晚上，才惊觉明天周一，只好熬夜补作业。

无论是学习还是做事，有了计划就意味着有了明确的目标和具体的行动步骤，就可以保证孩子有条不紊，按部就班地将事情做好，减少盲目和懒散。就算出了情况，计划中也能提前安排做好应对措施，使孩子能做到应对自如；而且计划会帮孩子缩短思考的时间，使他不会平白浪费时间，大大提高了效率。

杭州一位妈妈给孩子制订的放学后计划表火遍了朋友圈。她的儿子每天写作业都是磨磨蹭蹭，写到9点多还完不了。一天，她突发灵感给儿子画了一张作息对比表。

她先是把一张纸对折，在左边列上理想的时间安排，明确地列出了什么时间段做什么，

有序又清爽，底下写着"高效完成作业，还有很多玩的时间。"右边则列举了儿子目前的各种毛病，比如一边吃东西一边写作业，

写一会就去干别的，最后也写一句话"没有玩的时间，睡眠时间不足。"

妈妈把这张表给儿子看，儿子不假思索地选择了左边的计划表。经过践行，儿子每晚的学习效率整整提速一个半小时。

许多孩子不愿意制订计划，父母应该耐心地告诉他们为什么要制订计划，制订计划能给他们带来什么好处等。比如，孩子觉得制订计划太受约束，那就让他认识到没有计划，该做的事没有做，就会一直惦记着，反而不能痛快地享受自由。而制订了计划，则能快速完成任务，这样剩余的自由时间就越多。

年龄小一点的孩子，或许对什么是计划没有概念，至于怎样做计划，他们更是不懂，因此，需要父母教会孩子做计划。父母可以做出一些示范，经常把自己的计划告诉孩子，并且征求孩子的意见，让孩子参与讨论制订计划。

比如，在周末的早上，你可以对孩子说："今天我要把我们应该做的事情安排一下，吃完早饭，我们到公园参加花展，然后回来吃午饭，午饭后我们休息一个小时，然后我带你去少年宫学画画，三点半我要带你去海洋馆，回来后，你要写一篇日记，把你一天的见闻都写进去。"你觉得这样安排好不好？这种示范不但可以帮助孩子理解计划的重要性，而且还能使孩子学着去安排自己的事情。

当孩子对父母的计划提出了疑问，或者孩子有了计划的意识后，父母就应该给孩子提供做计划的机会。

比如，全家人准备周末去儿童乐园游玩，孩子通常喜欢玩一些新奇刺激的活动，像碰碰车什么的。父母可以让孩子把他想玩的活动，如玩碰碰车、过山车、划船，按一定的顺序列出来，而且要照顾到全家人游玩的进程。如果孩子计划得合理，父母可以采纳，这是对孩子最好的肯定和鼓励。如果计划的不合理，父母要跟孩子讲清为什么。然后进行调整修改。这种实践性的锻炼能培养孩子制订计划的能力。

但是，孩子自律性不强，即使他们学会了事前制订计划，有时候也可能因为兴奋、忙碌而忘记。因此，父母要适度监督和提醒，直到孩子彻底养成习惯为止。

那么，父母如何保证孩子按计划行事？

- **每日总结**

父母可以让孩子每日做个总结，检查一下自己对计划的完成情况。比如，在每天睡觉前，与孩子聊一聊，问问孩子："今天有什么特别的体会吗？""你今天完成计划了吗？""你今天有哪些收获？""明天还有什么安排吗？"

长此以往，既是促进沟通，交流感情，也是让孩子把每日总结当作一种习惯。

一位妈妈介绍，"让孩子坚持写日记也是个不错的方法。"确实，如果孩子能够把计划制订、实施情况、心得感悟都记录下来，等计划完成后，孩子又会多一笔财富。

- **反省和调整计划**

反省计划是很有必要的，即便是再完美的计划，在执行中也会遇到问题。所以，在执行的过程中，要不断总结经验，进而充实计划。

比如，你的计划是"利用暑假提高孩子的英语听力"，开始计划是每天早上听10分钟磨耳朵，但很快发现孩子早上状态总是不好。通过测试发现，晚上睡前听效果更好，那就把早上听改为晚上听就好了。

- **克服困难坚持下去**

在计划执行过程中，经常会遇到各种客观和主观的原因，导致计划难以执行。只要不是特殊情况，尽量克服困难，保证计划的进度。比如，今天家里小朋友来做客，孩子想和小朋友玩而不愿意去按计划上课。如果父母随意终止上课，允许孩子做别的，就会让孩子觉得上课其实没那么重要。而且，落一节课，可能后面的内容也会跟不上。所以，尽量和孩子讲清楚，给他一个能接受的理由。比如下课后再和小朋友玩，或者再找个时间约等。

去想办法克服困难，而不是动不动就改计划。当然，计划并非一成不变，只是必须在想了办法也克服不了情况下才允许调整，但事后一定要弥补。比如，今天孩子游乐场疯了一天，回来很晚了，路上又睡着了，英文阅读没有完成，那就只好明天早上补。因为即便你把他叫醒，他阅读的效果也可想而知，不如不读。

还有一种情况，父母更要坚持不能修改计划。比如，计划每个月给孩子100元的零花钱，结果孩子第一周就花完了，然后向你申请更多零花钱，但又没有什么特殊的理由，就不要提前给。

如果有特殊理由，那就商量好，可以预支下个月的，但必须坚持下个月就没零花钱了。有些原则，父母必须坚持，才能让孩子把计划执行下去。

当然，按计划做事的习惯并非一朝一夕就能养成的，因此父母不能急躁，要注重在日常生活的细节中培养孩子慢慢形成。

4. 交叉安排事情，教孩子节约时间

同样多的事情，如果按照不同的顺序去做，就是交叉安排，结果花费的时间大相径庭。这就是为什么有的人每天忙忙碌碌却毫无所获，而有的人做了很多事却不慌不乱。

有一则寓言说的是，小猪正在家门前晒太阳，好朋友小山羊忽然造访。小猪开心地去泡茶，但因为平时太懒散，他忘记了茶杯、茶叶都放在哪个角落了。

小猪翻箱倒柜找到了落满了灰的茶杯，忙着去洗干净。然后，又费了九牛二虎之力找到茶叶。准备泡茶，却发现壶里没有开水。于是，小猪又忙着去烧开水了。等水烧开了，小山羊却有事告辞了。

我国著名数学家华罗庚在《统筹法》里也举过这个例子：想泡茶喝，但没有开水，茶壶和茶杯也要洗，还得找茶叶，该怎么办？华罗庚列举了三个方法：

方法 A：先洗水壶，灌上凉水，放在火上。然后，在等水开时，拿茶叶并洗茶壶、茶杯。最后，水开，泡茶。

方法 B: 先洗水壶、茶壶、茶杯，拿茶叶。然后，灌上冷水烧水，等水开泡茶。

方法 C: 先洗水壶烧水，等水开了再去找茶叶，洗茶壶、茶杯，最后泡茶喝。

经实际验证，方法 A 一共花费了 16 分钟，方法 B 和 C 则花费了 20 分钟。可知，方法 A 的顺序安排最为合理科学，不仅节省了时间，也避免了慌乱，省时又省力。

也许大人觉得这么简单的事，谁不会安排，但对孩子来说就不一定那么容易了。毕竟孩子的思维还不成熟，没有条理的概念，不懂得效率是什么，更不懂得交叉安排时间，重叠使用时间。

交叉安排时间，其实是小学就学过的数学题。比如，铛铛起床后要做6件事，叠被子 2 分钟，上厕所洗漱 5 分钟，微波炉热牛奶 1 分钟，文火煎鸡蛋 2 分钟，吃早餐 10 分钟，检查书包 1 分钟。

为了节约时间，铛铛可以在洗漱后，开小火，趁锅没干，把牛奶倒进杯子，放进微波炉，设置 1 分钟。然后往锅里放油，把鸡蛋打进去，等待的过程，去检查一下书包。完事，牛奶好了，鸡蛋翻一下个，也差不多了。

一天只有 24 小时，没有谁能多出一分一秒，善于利用时间的孩子会合理安排事情的顺序，避免浪费中间等待的时间。

比如，和同学约会出去玩需要等、坐公交车需要等、上课铃响后等老师来班级上课……如果父母能够引导孩子利用等待的这段时间学习，也就意味着孩子掌握了更多的时间资源。父母可以让孩子随身携带一本书,读几页;或者拿出平常准备的问题本,进行回忆和思考;或者按照课本目录对学过的知识进行回忆。

交叉安排事情的顺序,不仅能让时间的分配更加严格,也能避免东一榔头,西一棒子,付出了很多努力,却没把事情做好的结果。

做事有条理讲顺序是一种非常理性的做事理念,从小让孩子养成有条不紊的习惯,有助于长大后成为一个时间管理高手。比如,这样的人从不着急,再多的事物也能安排得恰到好处。有句谚语说得好:"喜欢条理吧,它能保护你的时间和精力。"

管理学大师史蒂芬·柯维指出:有效的管理是要先后有序。眉毛胡子一把抓,必然浪费时间。与其只顾急着催促孩子,不如帮孩子把事情的顺序理一理,然后再按照顺序去做,正所谓磨刀不误砍柴工。

父母可以在平时留心关注孩子,看他是否知道先做什么后做什么。如果发现孩子做事从不思考顺序,就应教给他做事的步骤顺序。具体参考如下几点:

- **列出要做的事情**

如果有很多事情要做,就一一列出来,以方便排序。比如,把周末要做的事列在一张上,或者画在纸上。或者让孩子先列出自己想做的事,父母再补充一些孩子必须做的事。这可以帮助父母了解孩子内心的想法,也能让孩子明白自己每天必须要做的事有哪些。

然后，让孩子先自行安排顺序，并让他说出这么安排的理由。当孩子做出了排序，父母就尽量尊重他的决定。如果觉得不合理，父母在旁边可以给予提示和引导。经过多次强化，孩子就能养成给事物编排顺序的习惯。

· **教给孩子排序的方法**

给事情排是为了节省时间，提高效率，顺序的安排就至关重要。一般来说，除了交叉安排，比如前面泡茶的案例。还可以按照事情的轻重缓急来安排，永远先做最重要的事。那么，如何教孩子判别出什么是最重要的事？

比如，孩子最想做的事就是玩。但孩子的生活里不可能只有玩，所以，父母要引导孩子去关注那些比较重要的事。比如，明天要交的作业，晚上要练习的钢琴曲子。让孩子思考这些事情，是不是先完成比较好？或者让孩子思考，如果这些事不做，会带来哪些危害？

给事情排序的过程就是培养孩子判断力的过程，在这个过程中，父母要适当放手，多次尝试后，孩子就能慢慢掌握排序的要领。

5. 分类和收纳，东西不乱效率高

不管是学习物品还是生活物品，都是一团糟，用的时候要翻箱倒柜地找，实在是耽误时间。

语文老师留了一个小作文，让写在方格纸上。可是莹莹的方格纸找不到了,妈妈也帮她找,母女俩花了半个多小时才找到,等写完作业都九点半了。

有多少孩子经常把时间浪费在找东西上,胡乱翻找可以说是孩子时间管理上的"拦路虎"。因此,不要小看分类整理物品这个技能。如果从小没有养成给物品分类的习惯,长大后,在处理自己个人生活用品和身边事情时,要么不知如何处理,要么就胡乱收拾一下。结果导致工作、生活一团乱麻,做事效率也很低。

事实上,孩子在提升分类能力上也是有阶段的,1岁之前孩子主要靠感知,并没有分类能力;2岁时孩子虽没有"类"的概念,但已经有了分类的意识;3岁左右孩子就会按颜色、大小等外在特征进行区分。

比如让一群3、4岁的孩子将橙色的圆球、橘子和苹果进行分类,他们多半会把球和橘子分在一起。这是为什么呢?因为这个年龄段的孩子还没有把物品按功能区分的概念。在他们的思维里,要么按颜色区分,要么按形状区分,除此之外没有其他方法。那么这就需要父母花时间去进行培养,让孩子不断学习新的分类方法。

培养孩子的分类思维有许多益处,不但可以让孩子在遇到困难的时候能够迅速解决问题,还可以提高孩子的分析能力。比如在学习上,成绩优异的孩子往往擅长将学过的知识进行分类细化,使书本里各章节之间形成逻辑和脉络,从而加深理解。而不会分类的孩子则会陷进无效努力的怪圈,怎么也无法提高成绩。

如果父母能够在学龄前有意识地去引导孩子整理自己的物品，就可以让孩子从小养成分类的好习惯。那么具体应该怎么教孩子分门别类地整理物品呢？

- **按区域归大类**

父母可以教孩子如何按区域分大类，把书本、玩具、衣物先按类别分好。之后引导孩子将其放在固定的区域，比如书本应该放在书架上，衣物应该放到衣柜里，玩具要放到指定的收纳箱中。总之，这些区域要有针对性地放置对应的物品，不可随意进行更改。

通过按区域分大类可以让孩子更清楚地了解到房间的布局，以及具体物品的大致摆放区域。这样以后寻找任何一件物品都不需要把整个房间都翻一遍，只要去其所在的区域定向寻找即可，这样不但节省了时间，还让房间变得更有条理。

- **按功能分小类**

父母和孩子将区域划分好之后，可以再进行细致分类。比如拿功能这一项来说，可以把书籍分为童书、故事书、画册、连环画等，衣服可分为外套、短袖、内衣内裤、袜子等。

汤汤整理玩具时，遇到了难题，因为玩具太多了。开始，他把所有的玩具，积木、小汽车、玩具熊、摩托车等，一股脑全塞进了一个大玩具箱。但他发现，等他想要玩一个玩具的时候，常常得把玩具箱里的玩具都倒出来。

在爸爸的建议下，汤汤决定给玩具分类，他思考了一会，决定把玩具分成四类：搭建玩具、绘画工具、球类玩具、车类玩具。然后，他找来四个箱子，把不同的玩具放在不同的箱子里。这下，再找玩具就容易多了。

父母可以多准备几个玩具箱，宜家就有很多收纳箱，可以在箱子外面贴上图文鲜明的标签，方便拿取。父母还可以让整理分类变成一种有意思的游戏，比如，让孩子给自己的玩具找"家"，让孩子做管理员，管理这些玩具。

教孩子按照功能把物品分小类，不仅可以让物品变得更加整齐，还可以锻炼孩子的归纳能力。

- **按季节或颜色分小类**

对于一些不好用功能区分的物品，可以用季节或颜色来进一步分类细化。像衣服按季节就可以分为春秋装、夏装，以及冬装，将衣服按类别放到指定的区域。如果孩子的小汽车很多，可以按颜色进行分类，红色、蓝色、黄色等。通过这样的划分方法可以让衣物看起来更加整齐，富有层次感。很多孩子喜欢玩乐高，但乐高的零件太多了，特别难找。如果选择用颜色分类，买几个不同颜色的篮子，把零件按颜色放到对应的篮子中，一下就特别清晰明了。

第五章

讲方法，让孩子的学习事半功倍

1. 孩子一天的学习效率，从整理书包开始

孩子成为一名小学生后，很多父母身上就多了一项工作——每天帮孩子整理书包。但情况总是，头一天整理得好好的，第二天又塞得乱七八糟，做作业的时候不是找不到橡皮，就是找不到作业本。

诚诚妈妈觉得孩子才6岁，哪里会整理书包？于是，她每天晚上帮孩子整理，她负责动手，诚诚负责旁观，主要是让她记住什么东西在什么位置。但放学回来，书包依然被翻得乱七八糟，因为诚诚总是记不住东西都各自放在哪个内兜，哪个文件袋。

妈妈只好更加细心，帮孩子检查和整理书包，防止有什么东西忘记带。但有一次，诚诚把语文课本落在了教室。还有一次，老师让带橡皮泥，妈妈帮她装进了书包外侧的拉链里，诚诚竟然没找到，硬说妈妈没帮她带。发生了这两件事，诚诚妈妈决定不再帮她整理书包了。事实是，教会孩子把书包整理得井井有条，干净利落，不但有利于孩子养成做事有条理的习惯，还能帮孩子节约时间，提高学习效率。整理书包和学习效率能挂上钩吗？答案是能。自己不会整理书包的孩子，通常写作业慢，字迹潦草，

容易漏题等。父母常常忘记了写作业也是一项能力训练，是一个综合的学习互动，包括的不只是写作算题，而是一个从学习用具的准备，到写完作业，把一切用具都收好的过程。

如果父母都代劳了，孩子等于只参与了写作业的一个环节，而父母的过度参与，会让孩子把写作业也当成是父母的事，进而敷衍应付了事。相反，如果从一开始就教孩子有条理地整理书包，就会让孩子养成做事有条理的习惯，而且当孩子认为整理书包是自己的事，自然也会把写作业当成是自己的事。条理性和主动性会让孩子把作业写得又快又好。

教孩子时间管理，不妨从整理书包开始吧。那怎样才能让孩子把书包整理得井井有条呢？对于一些孩子来说，整理书包的工作对他们太过于抽象，无法在大脑中做到有逻辑且清晰地罗列出来，那么就需要帮助他们进行外化。

外化最简单的方法就是把整理过程的每一个步骤都尽可能详细地写在纸上，把它制作成任务列表，可参考下面的步骤。

- **清空书包**

把书包所有的东西都拿出来，保证书包里没有任何东西。

- **主科资料分类**

在整理书包的时候，教孩子按照不同学科分门别类整理分类。每个科目按教科书、练习册、作业本的顺序排列好装在文件袋，依次放进书包，最好是保持一个顺序。比如语文文件袋永远贴着书包最内侧，然后是数学，再是英语。

这样有助于孩子在上课时能够快速拿出自己需要的书本，避免浪费上课时间。

- 常用的文具盒、笔记本固定位置

文具盒每一节课都要用，用来记作业的记事本使用也很频繁，可以放在一个固定的位置，以免用的时候手忙脚乱地翻找，比如放在书包外侧的拉链。

- 利用好书包内外侧的小袋

经常会有孩子从书包里拿书的时候，连带着出来一大堆乱七八糟的东西，什么铅笔、碎纸、格尺、橡皮都出来了，然后孩子就会重新再把它们塞回书包，等到下回又是这样，周而复始。

事实上孩子的书包里并不是只能装书，除此之外还存在许多可利用的空间。像书包两侧的小包，以及最外层的部分，完全可以放下很多小巧的物品。父母可以教孩子把口罩、纸巾、贴纸等小物件放到书包隔层的小包里，从而保证书包装书的区域没有其他杂物，以便于孩子在学习过程中可以及时找到所需物品。

开始，父母可以和孩子一边回忆步骤，一边整理书包。练习几次，就可以交给孩子自己去做。不放心的话，可以把这些步骤设计成表格，打印出来，贴在孩子平常学习的书桌上。让孩子在收拾书包的时候，照着去做。

采用这种方法，不出几天孩子就会主动去收拾书包了。当孩子养成习惯，无须提示也能很好地完成的时候，就代表孩子已经达到了自我整理物品的阶段。

- **每天检查，拿出当天不用的书和资料**

大部分孩子总喜欢把学校里的书都背回家，以为回家后会把学过的东西都复习一遍。但其实不仅没有时间复习，还容易因为书太多不好找而耽误时间。或者根本就是懒得收拾，又担心忘记带书，干脆每天把所有的书都背着。

过重的书包对孩子的肩膀是一个巨大负担，父母要教孩子养成每天检查精简的习惯。正确做法就是按照每天的安排带好相应的物品，在回家写完作业收拾书包时进行再次整理，把明天用不到的书本拿出来，放在家里。这样不仅减轻了书包的分量，也利于课上的学习。

- **明天要交的作业单独放**

收拾书包时记得让孩子将明天要交的作业都放在一起，或者装到一个文件袋中。这样既减少了翻找作业的时间，又能避免找不到作业的窘迫。

- **用完的书本放回原位**

另外，在孩子写完作业后要及时把所有东西放回原位，方便下次使用。当孩子学会了如何整理书包，他的自我管理能力就又上了一个台阶，做事情的条理性也会有所增强，思考能力也能够得到提高。

让孩子保持一天的高效学习，从教他每天整理自己的书包开始。

2. 普通孩子和学霸之间差一个学习计划

有一张详细的学习计划表刷爆了朋友圈，计划表从早上6点一直到晚上10点，精确详细地备注了要做的事情，满满当当，没有空白。

也许学霸对时间有如此精准的掌控，也有如此高的自律能力，但学霸之所以成为学霸靠的并不是这张计划表。一张日程表只能保证孩子不掉队，或者成为一个伪学霸。真正的学霸拼的不是体力，也不仅仅是智商，拼的是对时间的高效利用。

每个孩子每天都只有24小时，如果能保证的学习的时间都是10个小时，学习的效果则是一个变量。普通孩子和学霸的不同就在于对这个变量的掌控，普通孩子有的是一张详细的日程安排表，而学霸则有一张提高效率的学习计划表。

这个学习计划表的重点不是安排某个时间点做什么，而是着重于对高效时间段的管理。

生理学家发现，在一天中，有4个时间段大脑最为清醒，用来学习效率最高。学霸们会合理利用这些时间段，安排合适的学习内容。

- 早晨

早晨，就像电脑刚开机，脑细胞比较活跃。不夸张地说，早上的一个小时能相当于晚上的三个小时。多数孩子都知道早晨是用来朗读的绝佳时间，但他们又常常困惑于读什么，即便知道读什么,却又不知道怎么读,比如常读着读着就跑神了。

对于学霸们来说,晨读也是有窍门的。首先一定要出声,最好是大声朗读。大声朗读可以防止分心,从而提高专注力。这是因为孩子要想大声地、流畅地、标准地把看到的内容念出来,就需要全神贯注,减少分心走神。其次,是朗读要有感情,做到脑到、眼到、口到、心到、手到,缺一不可。比如,普通孩子只管抱着书读,并不思考,不管懂不懂,这样学习的效果就会差很多。

- **上午8到10点**

这个时间点,早饭已经成功转化为能量,大脑思路清晰,反应灵敏。在学校期间,这个时间段一般是上课时间,学霸们会抓住课前时间,把要讲的内容预习一下,或者把已经预习的内容再过目一遍,保证上课的时候带着目的去听。如果是周末或者假期,这个时间点,学霸们会安排比较难的科目和题目去做。比如学习新知识,拓展所学知识的深度和广度。

- **傍晚5点到6点**

这个时间段基本已经结束了一天的课程,大脑处于放松状态,思维虽然比不上早上,但也算是比较活跃的时期。在比较放松的状态下,学霸们会安排复习巩固白天所学的知识,或者做少量题目加深对知识点的印象。

- **睡前一个小时**

如果按照9点洗漱上床,这个时间段应该是8点到9点。不少孩子在这个时间段会犯困,但实际上,这个时间段学习,由于学习后不再进行其他活动，故会在睡眠中加深印象。学霸们会在这个时间段复习易错题，或者进行半个小时的英文阅读。这些学习内容不会因为大脑的活动而导致脑细胞活跃影响睡眠，也不会因为没有目标而犯困影响学习质量。

在学霸的时间表里，除了对重要时间的安排，也包括对学习重要环节的安排。包括复习、预习、易错题分析等。很多孩子也一样是预习、复习、准备易错本，但效果却大相径庭。那就让我们来看看学霸是怎么来安排最重要的预习和复习的。

· 预习

学霸们对预习很重视，因为预习的效果如何直接决定了听课的效率。学霸们会把预习分为及时预习、阶段预习、学期预习。

及时预习也就是课前预习，普通孩子预习大概就是翻翻要学的内容，查几个生字，圈点一下，就算预习完了。学霸的预习则是要通过内容发现并提出问题，并对问题进行思索。同时，把新知识中需要用到的旧知识复习一遍，这一点很重要。因为知识都是环环相扣的，而之前学过的知识又常常会忘记、记不全，或者记错了也不自知。如果没有搞懂旧知识就去学习新知识，上课时就难免会觉得老师讲的内容晦涩难懂。只要在某一点卡壳，后面就更难听懂了，尤其是数学这种连贯性很强的课程。如果前学后忘，最后学到的东西就会像一张破烂的网，网不到鱼。

阶段预习是指在某一阶段的学习之前用比较完整的时间预先从整体上了解学习内容，明确阶段学习的目标和重点，思考如何

学习的方法。学霸一般会把阶段预习放在节假日进行,

主要是进行单元预习,这样可以系统地熟悉该单元知识的融合和贯通,更加深入理解。

学期预习自然是指开学前,对新学期内容的预习。假期是学习差距拉开的时间段,这话没错。放寒暑假了,普通的孩子也许光顾着玩,而学霸们却有条不紊地把新学期的内容进行了全面系统的了解,了解了教材的章节分量,明确了教材的内容和任务,熟悉了重难点,并且做好了预习笔记。

- 复习

很多孩子懒得花时间去复习,他们在上自习的时候抓紧时间赶作业,但是有的知识还没有真正领会,所以只好不断查书,这种学习方式被称作查字典式的作业法。作业写完,就把课本丢在一旁,不管不问。

但是这样的学习效果并不好,因为没有系统的复习,没有彻底地把知识融合进自己的脑子里。做作业的时候"查字典",那考试的时候去哪里"查字典"?

学霸们对复习的重视绝对不亚于预习,甚至看得比预习更重。复习也非常讲究时间上的巧妙安排,根据德国心理学家艾宾浩斯提出的记忆曲线,遗忘是有规律的,特点是先快后慢。比如,一天所学的知识,如果当天不复习,一天过后就剩下原来的25%了。

因此,学霸会安排课后及时复习,这种复习在遗忘刚刚发生时,花很少的时间就能加深记忆,省时省力。实践证明,课后用

十分钟复习的效果，胜过日后一个小时的复习。

时间不重要，重要的是效率，这才是学霸制订学习计划的目的。不要觉得孩子还小，这些学习上的时间安排没必要，凡事都是习惯，只有孩子从小养成习惯，到了初中高中才会自然运用。

3. 一定要教给孩子的高效记忆方法

别的孩子三分钟就能记住一首古诗，自己孩子30分钟还记不住，即便是今天记住，明天又忘了。记忆力的差别直接决定了孩子的学习效率。

在学习记忆方法之前，我们先来看看儿童记忆的发展。在3岁之前，孩子的记忆基本上是无意记忆，就是没有目的的记忆。在这一时期，孩子获得的知识都是无意记忆得来的。心理学研究发展，那些能令孩子感兴趣的，印象深刻的，更容易被记住。比如，那些直观的、生动的、具体的、形象鲜明的事物往往容易被孩子记住。

随着孩子语言发展，父母常常会引导孩子去记住，这时有意记忆，即有目的的记忆开始萌芽。这个时间段一般发生在3岁左右，到了差不多5岁，孩子的有意记忆已经得到了不错的发展。比如，5岁的孩子，能有意识地回想问题，复述故事。但有意记忆仍然出于初步形成期，还没有占据优势。

在孩子的无意记忆阶段，由于其经验少，缺乏记忆的方法，多是机械重复式的死记硬背。

在儿童的有意记忆发展起来后,记忆的方法也开始向理解记忆过渡。但如果孩子缺乏记忆的方法,仍然会停留在死记硬背的方法上。

死记硬背不但过程枯燥无味,而且耗费了大量宝贵的时间。还经常在背——忘——背之间循环重复,进而失去学习知识的兴趣。而且死记硬背的东西,即便是背得滚瓜烂熟,也很难熟练应用。比如在考试的时候,一紧张想不起来了,考完了才恍然想起。

也许有父母认为,自己的孩子就是普通人,没法和那些记忆力超群的天才相比。殊不知,那些我们眼中的天才,并没有觉得自己是天才,他们只是掌握了适合自己的方法。

综艺节目《最强大脑》的人气王郑才千,19岁参加世界脑力锦标赛,就拿下了"世界记忆大师"的终身荣誉,看起来绝对是一枚妥妥的天才。其实,一开始,他并不是一个成绩优秀的孩子,他甚至考过班里的倒数第一。但他因为读了一本关于记忆与速读的书,按照书里介绍的方法,他惊奇地发现自己可以迅速记几十个单词。从此,他的成绩突飞猛进,2007年轻松考入中国人民大学,走上了自己人生的高光时刻。

记忆靠的是天赋吗?不能否认天赋,但也不全靠天赋。郑才千说,记忆有规律,遗忘也有一定的规律,记忆的诀窍就像是一门技术,只有经常用,才能越来越熟练。他还表示,学习了记忆方法并不代表一劳永逸,记住的东西也不会永远不忘。他说:"我只是把记忆当成一项运动来享受,从中感受它带给我生活和学习上的便利。"

也就是说,记忆力是可以通过后天训练提高的。儿童时期是求知欲最旺盛的时期,孩子的大脑还是一张白纸,潜力是巨大的,如果能掌握科学有效的学习方法,将事半功倍。想要提高孩子的学习效率,下面几个记忆方法一定要教给孩子。

· **联想记忆法**

联想记忆是借助一种事物和另一种事物类似的特点来记忆,通常是把需要记忆的事物同自己熟悉的或体验过的事物联系起来,以便加深记忆。

如孩子在记忆"自"的时候,可以让其联想认识的"目",不仅帮助记忆,还能区别形近字。也可以利用这个方法把英文单词串一串记忆,如播下 seed(种子),却长出 weed(杂草),割草时手被划伤 bleed(流血),只好以最快的 speed(速度)回家包扎。

联想的方式有对比联想、反义词联想、同义词联想等。

· **谐音记忆法**

这是利用谐音来帮助孩子记忆的一种方法,通常用于年代、统计数字等。比如记忆秦始皇灭六国的顺序,1. 韩国 2. 赵国 3. 魏国 4. 楚国 5. 燕国 6. 齐国,"韩赵魏楚燕齐"谐音可以化作"喊赵薇去演戏",这样就很容易被记住。再比如,马克思的诞辰 1818 年 5 月 5 日,可以谐音为"马克思诞生,一巴掌又一巴掌,把资本主义打得呜呜(55)哭。"

- **顺口溜记忆法**

将记忆内容加工成有趣的顺口溜来帮助记忆,不仅能让孩子记得牢,还能减轻孩子的大脑负担。

《我陪女儿学英语》的作者林克,妈妈在教她关于辅音字母 x 的发音时,灵机一动,问她:"你知道哪个字母能让公牛(ox)消失吗?"

这个问题可把林克难为住了,她想了半天没想到答案,就求妈妈告诉她答案,但妈妈却卖起关子,说:"我给你提示一下吧,我给你说个顺口溜,答案就在里面。"

林克妈妈就念了一个顺口溜,"一只 fox(狐狸),要躲 ox(公牛),藏到了 box(盒子)。"

林克反复念,终于弄明白了是哪个字母能让 ox(公牛)消失,她兴奋地告诉妈妈说:"我知道答案了,是 f 和 b。"

通过这个顺口溜,林克不仅记住了字母 x 的发音,还顺便记住了三个单词的拼写。重要的是,她的学习热情被激发出来了,追着妈妈问还有吗?太好玩了。

此外,还有思维导图记忆法、框架记忆法、逻辑归纳记忆法等。帮助孩子找到合适的记忆方法,不断地加强训练,学习效率就能提高。

4. 教孩子抓重点，提高听课效率

孩子上课不能专注，除了自身活泼好动，还因为一些孩子听课没有重点，认为听课就是支起耳朵听，听到哪里是哪里，能听多少是多少。更有一些孩子觉得自己已经会了，不必再听了，就听得心不在焉，或者干脆一边听课一边做题。

一堂课45分钟，有的课甚至长达一两个小时，一个成年人尚且不能保证每分每秒都专注，何况孩子。实际上，专注听课并不是全程绷着神经去听。如果全程高度集中注意力，反而会因为大脑长时间紧绷，会非常疲劳，吸收知识的能力自然会下降，听课效率就会变差。而且，在45分钟里，老师讲课的精华大概也集中在20分钟的内容中。

张牧是班里的尖子生，各科成绩都非常优秀。他在总结自己的学习方法时，有一条就是听课时听重点。他说："上课时我通常是觉得有必要听的就认真听；觉得对自己益处不大或自己早已懂了的，就允许自己放松一点。专注记重点，记难点，这样比毫无重点地全部听和记，效果要好得多。"

那么，父母如何教孩子有重点地听课？一般来说，课堂上需要注意的重点有两种：老师强调的重点和孩子自己的重点，下面具体来看。

- **老师强调的重点**

老师基于经验，知道哪个部分很重要。对于这些内容，老师一般会反复强调和告知孩子。

比如"这一点很重要""这两个概念容易混淆""这是个常见的错误""以上内容说明""需要记、画",等等,这类词句往往就是在给孩子提示重点。

- **老师讲解的新知识是重点**

除了老师特别强调的,老师讲解的新知识也是重点。在引入新知识后,老师会接着详细讲解新知识的内容及其应用。这一部分是整堂课的中心,要让孩子下大力气认真听讲,注意力要高度集中。要了解老师讲解了哪些新的知识点,着重强调了哪几点,如何讲解的,老师又是如何用新知识解决实际问题的,用的什么方法。

- **老师的提问是重点**

老师在讲解新知识及其应用时,会提出一些问题让同学们回答,这时要认真听老师的提问。这些提问都是老师精心准备的,都与本节新知识及其应用有关系,我们要尽量结合所学的 新知识进行回答。

- **老师的板书和归纳是重点**

老师的板书归纳和反复强调的地方。老师反复强调的地方往往是重要的或难于理解的内容。而板书归纳的东西不仅重要,而且具有提纲挈领的作用。要注意在听清讲解、看清板书的基础上思考、记忆,并做好笔记,以便于今后复习。

- **预习中不懂的是重点**

有一种重点是从孩子自身出发,孩子不会的,没弄明白的。

也许对于别的孩子没什么，但对于自己来说却是值得多加关注的。

父母一定要培养孩子预习的习惯，预习最重要的是提出问题。然后，上课重点听自己预习时没弄懂的部分，争取通过老师的讲解，把疑难点解决。

抓住重点后，还要在听的过程中，动用眼、耳、脑、手、心各种感官一起配合，才能达到最好的听课效果。鲁迅先生读书时曾提出"要眼到、口到、心到、手到、脑到。"

具体来说，就是眼睛要盯着老师的板书和老师讲课时的表情动作；耳朵要听清楚老师讲课的内容，要听得准确，听懂重点，听出老师讲课的意图；手要有选择地记，记重点、难点和疑问；脑子要动起来，积极思考，适时提出疑问。不经思考，只靠死记硬背的知识，是无法被消化吸收，更无法被灵活运用。

总之，告诉孩子，上课不必平均使用注意力，要善于抓住重点、难点和关键，保持注意力有张有弛，才能让听课效率倍增。

5. 利用碎片化时间学习，差生也能逆袭

一天中，孩子的大段时间基本都被占用了，但这并不意味着就没有时间可用了。

有个教授做过这样一个实验，他拿出一个广口瓶，里面装满了石头，问学生："瓶子满了吗？"学生看着再也塞不进去一个石头，就答："满了。"

只见教授拿出一袋沙子，慢慢倒进去，再问学生："满了吗？"学生这次不敢轻易回答了，但是看看被沙子塞得没有缝隙的瓶子，有的学生答："满了。"有的学生则选择了沉默。

果然，教授又拿出一瓶水，慢慢地往里倒，水没入沙子不见了。

教授说，这个瓶子就是我们的时间，有时候看起来没有了，实际上安排合理，很多时间都可以被拯救出来利用。可见把一些事情安排在大块时间之间的短小时间里，能积少成多地处理很多事，就像往加满了石头的瓶子里灌入沙子和水。

但这一点往往被父母和孩子忽略，大部分孩子的时间是这样分配的：白天在课堂学习新课，晚上放学回家完成老师留的作业，有的甚至还要去上辅导班。孩子一整天的时间看似是都用完了。其实，在孩子的一天中，还有许多零星、片断的时间，如：车站候车的三五分钟，公交车上的半个小时等等。如果珍惜这些零碎的时间，把它们合理的安排到自己的学习中，积少成多，差等生也能逆袭为学霸。

有一个初二的孩子，成绩一直处于中游。老师和他沟通，他抱怨说自己每天的时间根本不够用，所以成绩一直上不去。老师询问了他的学习时间，发现他只是利用了整块的学习时间，对于零碎的时间压根就没有利用。老师帮助他分析还能用的时间，每天早上起床到校路上的时间大约20分钟，每天食堂排队的时间大约10分钟，午饭后到午睡之间有20分钟，下午放学回家的路上还有20分钟，睡前还能挤出10分钟……老师让他再仔细算算，还有没有可以利用的时间，列在一张纸上。这个孩子兴奋地发现，自己每天竟然还有将近两个小时可以用来学习。一年后，他成绩突飞猛进，考入了重点高中。

在学校里，孩子的上课时间、下课时间和休息时间都是统一的，孩子之间的成绩差异之所以巨大，除了自身的天赋和努力，拼的更是时间的运用，确切说是对碎片时间的利用。

但孩子多半意识不到自己时间的流逝，父母要帮孩子认识和找到他的碎片时间。毕竟每个孩子性格不同，学习方式不同，距离学校的远近也不同，故碎片化时间也不同。比如，有的孩子距离学校较远，路上需要半个小时，有的较近，10分钟就到。再比如，有的孩子9点就睡，有的孩子9点半才睡。要充分利用碎片化时间，父母一定要帮孩子找到他的可利用碎片时间，加以高效利用。

父母要引导孩子将碎片时间重视起来，因为争取时间、善于利用碎片化时间是孩子掌握更多知识的保证。

北京电视台著名节目主持人王芳，很善于利用碎片时间教女儿学习。比如，她利用女儿睡前洗澡的时间，教女儿背唐诗。日积月累，女儿竟然能完整地背诵李白的很多长篇，如《将进酒》《蜀道难》等。

不要小看每天的零碎时间，美国发展心理学家杰罗姆·凯根说："时间是在一分一秒之中积聚而成的，善于利用每一分钟的人，才会做出更大的成绩。"那么，生活中都有哪些碎片化时间可供孩子学习：

- **早晨起床后的学习时间**

很多知识都需要背诵，父母可以让孩子早起 5 分钟，听一篇英语听力，或者背一下需要背诵的课文，或者把难懂的数学公式记忆一下。利用好早上的 5 分钟，会是一天高效学习的开始。

- **饭前饭后的学习时间**

很多孩子在菜还没上桌就等在饭桌前，这段时间里，他们不是玩手机游戏就是坐在桌前发呆。父母可以引导孩子利用饭前等菜的时间，让孩子看会语文课文或者读一篇英语小短文。饭后，孩子在散步时，也可以背几个英文单词，这样能让孩子更好地利用时间。

父母还可以和孩子玩一些闯关游戏。比如父母客串老师，检查一下孩子的背诵效果，提问上一句，让孩子背诵下一句，也可以问一些数学和外语方面的知识，激发孩子的挑战兴趣。孩子在学到知识的同时心情也会大好，吃饭也会特别香。

- **公交地铁上的学习时间**

童童妈妈问童童"你每天坐公交车上学的时候都干什么呢？"童童说："就坐着呗，还能干吗。"于是，童童的妈妈就建议童童可以在乘公交车的时间背英语单词，一来可以高效利用时间。二来可以避免无聊。于是，童童就开始准备卡片，在一张卡片上写三四个英语单词，每天早晚乘公交车的时间记单词。

当然，在乘公交车或者地铁的时候父母也一定要提醒孩子注意安全，千万在上车之后再掏出卡片，上车或下车要看好台阶，还要注意报站提示，千万别坐过站。

- **课前几分钟的学习时间**

课间 10 分钟，稍微休息下，在铃声响之前，可以安排出一两分钟用作预习。比如，有时候，老师偶尔会因为有事晚到一会儿。这点时间与其坐着无所事事，或者翘首以盼，不如安下心，把要讲的内容过目一遍。

另外，零散时间具有很大的不确定性，周围的环境因素也不一定适合学习，孩子可以下载一些英语听力到音乐播放器里，在零散时间里练习英语听力也是不错的选择。

第六章

给孩子受益一生的专注力训练

1. 设置完成时间，让孩子更专注

如果一件事的时间充足，我们就会一边做事一边玩，刷刷手机，看看新闻，泡个茶，去个厕所……任性散漫，三心二意，反正还有时间，不用着急。过于放松，会令人变得懒散而导致效率低下。而当时间紧促，需要尽快完成，我们就会倍感压力，自觉抓紧时间，专注投入。

成年人是这样，孩子亦然。比如，设定任务的完成时间，等于给孩子上了一个"紧箍咒"，逼迫孩子要在规定的时间内完成，无形中就增加了孩子的紧张感。而适度的紧张感会促使大脑保持戒备和清醒，把体内的能量调动起来，去应对外界的突发情况或者必须要完成的任务。

这就是为什么一些孩子会在考场上思路更清晰，反应更敏捷，因为考试的时间有限。但这个紧张的度很难把握，一不小心就会过度。高度的紧张会导致焦虑，无法平复内心，甚至伴随失眠、头痛、疲惫，使得做事效率低下。这也是为什么一些孩子会在考场上手脚出汗，心动过快，脑子一片糨糊，什么都想不起来，结果发挥失常。

所以，重要的不是设定时间期限，而是设定的时间期限如何才能激发孩子适度的紧张感。如果设定的时间过长，很可能会出现前期拖延，最后冲刺，但因为剩余的时间过少而敷衍的现象。

语文老师周一留了一篇作文，限周五下午交上去。萌萌在周三之前压根就没想这事，到了周四想起来明天该交作文了，但她也只是想了想，没有动笔。到了周五，她开始着急，但实在没时间去构思、准备，只好草草写一篇应付了事。

虽然也有人在最后时刻体验过灵感迸发、效率惊人的巅峰状态，但那也是要在有储备的情况下才会发生。如果孩子脑子里压根什么都没有，就永远也找不到什么灵感。在最后期限到来前的冲刺，如果是没有质量保证的效率，毫无意义。

设定的时间太长不合适，太短同样不合适。比如，孩子明明需要30分钟才能做完的手工，你非要求10分钟完成。孩子要么敷衍，就像设定时间太多拖延到最后导致时间不够的效果一样，要么因为过度紧张而做不好。

那么如何才能设置合适的时间长度，去激发孩子高效完成任务？

- **根据孩子的实际情况**

以作业为例，虽然老师布置的作业一样，但每个孩子完成需要的时间则不同。

妈妈在群里询问，得知别人家的娃一般30～40分钟就能完成当天的作业。于是，他要求女儿玲玲40分钟写完作业，然后就带她去骑滑板。

玲玲兴高采烈地去写作业了,为了出去玩,她不敢有丝毫懈怠。不知不觉一小时就到了,妈妈已经换好衣服,问她作业写完了?她惊呼:"这么快就到时间了?我还没写完呢。"

妈妈一听就生气了,质问她是不是又贪玩了?写这么慢,就别想出去玩了。玲玲听了委屈地掉起了眼泪。

父母不要认为写得慢的孩子就是拖拉、磨蹭,这和孩子的性格、动作发展也有一定的关系。比如,一年级的孩子手部精细动作还不够完善,再加上也没有锻炼过,写字就像画画,速度很慢,这自然会影响到写作业的速度。

在安排做事时间的时候,父母要了解自己孩子的做事特征,比如是慢性子还是急性子等,根据具体情况来设置适合孩子的做事时间。

- **每一次的时间不要过长**

我们知道孩子的注意时间有限,很难长时间集中注意力。如果一件事需要完成的时间较长,可以分割为多个时间段去完成,以保证每次都能够专注。能让孩子专注的时间设置,最受推崇的是15分钟的时间切割法。

这个方法比较适用于4~6岁的孩子,因为4岁的孩子一般能专注13分钟左右,5岁孩子的专注力时长在15分钟左右,6岁孩子专注的时间长度在20分钟左右。因此,在这个阶段,对孩子使用15分钟限时法比较合适。

如，你需要花 15 分钟准备晚餐，可以对 5 岁的孩子说，"我去准备晚餐，你可以利用这个时间画画，不要做其他什么事。"又如，你需要花十几分钟看一份材料，可以对 4 岁的孩子说，"我看材料，你看绘本，我们谁都不要说话，好不好？"

如果是一件事被分解为了几个时间段去完成，父母可以让孩子完成一个时间段后休息会，再去进入下一个时间段。比如生字抄写比较多，要分两个 15 分钟去完成，中间可以休息 5 分钟。

孩子在三年级之前都没有什么时间概念，容易分心走神。父母可以利用限时的方法去拴住孩子的注意力，让他们感受一点压力，才能让他们关注时间并开始学着管理时间。

2. 教孩子一次只做一件事，贪多嚼不烂

父母总是希望孩子能最大化地高效利用时间，比如为了让孩子充分利用时间，在孩子玩玩具的时候，给他放英语，美其名曰"磨耳朵"。"磨耳朵"的理论依据，似乎是让孩子使用视觉时，听觉也别闲着，把"潜能"充分调动起来。但专注，要求的是"全神贯注"，是全部的视觉、听觉注意力和心理活动的目标，都聚焦于一件事，不分神、不一心二用。让孩子边玩边听，并不能让孩子对听和玩两件事同时全神贯注，结果就是听也没听进去、玩也被外界噪声干扰，两件事，都不能专注。

孩子的注意力有限，本身就容易分散，如果再让孩子一次做

几件事，就会进一步破坏孩子的专注力。让孩子变得又忙、又累、又紧张，不是走神、心不在焉，就是丢三落四，结果，不仅不会提高效率，反而会越忙越乱。

比如，有父母会让孩子在起床刷牙洗脸的同时，顺便打开英语听力app，练习英语听力。或者让孩子在上学的路上，一边走路，一边背诵英语单词。这对于大人来说，也许可以做到，但对孩子来说，尤其是年幼的孩子，是有一定困难的。孩子要么是忙着洗脸顾不上听，要么是顾着听力，而放慢了洗脸的节奏。至于在路上背诵单词，可能让孩子忽略了身边的车辆，导致危险。结果是，时间没有节省上，反而让孩子越忙越乱。

这就像做卷子，如果你同时做几道题，看着这道，想着那道，最终要花很长时间才能做完，还会出现把答案写串的可能。做事正如做卷子，还得一道一道来解。

高效最大的敌人是混乱。因为大脑里如果信息太多，就会像电脑里塞满了各种程序，导致运行缓慢甚至死机。心无旁骛地去做一件事，效率反而更高。

因此父母一定要让孩子养成一次只做一件事的习惯，不要贪多，贪多嚼不烂。但是，对孩子来说，一次只做一件事的最大挑战在于，他们因为年龄的缘故，非常容易受外部事物的干扰而分心。

林林计划好周六的上午读《三国演义》20页。上午九点，他就坐在书桌前开始阅读了。午饭时，妈妈问他读了多少页？他说：

"才看了6页。"

妈妈震惊了，"你一个上午坐在那里，怎么就看6页？"

原来，他开着手机微信，群里不时有人说话，他也跟着凑几句热闹。期间，他又想起昨天老师留的作文题目，他一边看书，一边构思了一会儿。

不知不觉，一个上午就过去了，自己的读书目标连一半也没有完成。

大人在做事的时候还容易受干扰，何况孩子？父母要告诉孩子像小蚂蚁学习，蚂蚁在驮着一粒食物回去的时候，就算碰到更大粒的食物，也不会放弃手里的跑去搬那个更大的。它们一心一意把这个搬运到家，然后再叫同伴一起去搬运那个大的。

孩子像大人一样，每天都有很多事要做，为了避免越忙越乱，父母要让孩子一件一件地做，就像沙子一粒一粒地通过沙漏。一次只做一件事情，并不是教孩子忽略其他事情，而是循序渐进完成所有事。如此既能把事情做好，又能保持有序和安然。

那么，父母如何帮助孩子排除干扰，一次只做一件事呢？

- **每次给孩子一套玩具，一本书**

大多数父母哄孩子玩的时候，会把一大堆玩具倒在孩子身边，孩子动动这个，摸摸那个，这个也新鲜，那个也有意思。孩子好像在挺长的时间内都很安静，但事实上，他并不能把心思专注到一件事上。

在书籍的选择上也是，父母总恨不得把书店的书都买给孩子，不管孩子能不能看完。但这样做往往会让孩子无法集中自己的注意力，因为总是拿着这个又想看那个，最后导致一本也没看完。

最好的方法是，一次只给孩子一套玩具，并不断启发他新的玩法，一直玩到他不爱玩的时候，再给他换另外一种，这样还容易激发孩子的创新力。书同样，先给他一本，鼓励他看完，再换其他的。

- **让事情本身对孩子充满吸引力**

如果孩子对一件事充满了兴趣，自然就容易沉浸进去。如果父母希望孩子在一件事上心无旁骛，就可以引导他在这件事上的兴趣。

比如，很多父母买了很多书给孩子，但孩子就是不能静下心来阅读。一本书翻一下，就转头玩别的去了。有的父母觉得孩子还太小不懂阅读，甚至因此判定孩子不是读书的料。其实，是父母没有给予很好的引导，没能让孩子对阅读产生兴趣。

对于年龄尚小的孩子，不要安排他一个人阅读。父母要陪着他，去发现书里各种有趣的东西。比如，这里藏了一个小虫子，是不是在躲猫猫？那个猫头鹰倒立着在干吗呢？或者，我好喜欢这个大象啊，你喜欢这一页里的哪个小动物？再或者，和孩子玩找不同的游戏，找到一个就击掌庆祝一下。如此有趣的阅读，孩子怎么会不喜欢？

- **吃饭时不准看动画片**

一边看动画片一边吃饭，不仅会让孩子养成三心二意、注意力不集中的坏习惯，还会让孩子在不自觉的情况下吃入很多食物，而且吃饭的时候看电视流到胃里的血液也会相对变少，不利于消化液的分泌，父母可以把吃饭时间提前或者是延后，免得孩子消化不良。

教孩子划定时间，在此期间内认准自己将要做的一件事，然后全力攻克它。千万不要东抓一下，西挠一下，试图一次做几件事，那纯粹就是浪费时间。

3. 营造专注力的环境，让孩子快速完成作业

很多父母一边抱怨，孩子写作业的时候总是静不下心来，一边又在旁边不管不顾地大声说话、刷视频，或者把电视开着……孩子长期处在噪声环境下，听力状态会受影响，专注力也会被破坏。

环境影响专注力是有科学依据的。比如，在电影院看电影就比在家里电视上、手机上看电影效果更好。原因除了电影院的屏幕更大，音响效果更好以外，还有一个更重要的原因，就是电影院的环境。

电影开始的时候，灯光关闭，没有人大声喧闹，除了大屏幕上放映出的内容和声音，你看不到也听不到其他什么。你可以完全沉浸在电影当中，而不受任何干扰。

专注才有高效，一个安静、舒适的环境，是孩子集中注意力

写作业的重要因素。父母要为孩子准备一个安静的不受干扰的学习环境，让孩子能全神贯注地写作业。下面，我们具体来看，怎么去营造一个有助于孩子集中注意力写作业的环境。

· **清除分散学习专注力的物品**

在孩子的书桌上除了必要的学习用品外，不应摆放其他容易分散注意力的物品，比如玩具或是手机。书桌前方只可以张贴与学习有关的图画或表格，不要贴一些画报海报。抽屉和柜子最好上锁，防止孩子随时打开。书桌上也不可以放置镜子，避免孩子写写作业就去照镜子。另外，在孩子写作业的时候绝对不能打开电视，电视里的画面和发出的声音会影响到孩子的学习，让他无法专注地思考问题．

大多数孩子专注力之所以差，多半是因为外界的诱惑和干扰太多，这就需要把那些容易分散注意力的物品及时清理出去。

· **降低噪声，创造安静的环境**

有的家庭会习惯一直开着电视，当孩子专注于学习的时候，只要一听到有趣的声音，就会马上停下手头的事情跑向电视，其实这就是专注力被破坏的表现之一。还有父母经常会在家里打麻将、喝酒，这样很容易发出很大的噪声影响孩子的学习，让孩子感到烦躁焦虑，无法集中注意力。

父母在孩子学习期间要保持安静，最好不要发出太大的声音，但也不必过度保持安静，比如刻意压低说话的音量，连走路都轻手轻脚……这种过度的小心翼翼反而会带来压力，使孩子精神紧张，结果适得其反。

- **中途安抚法**

在孩子写作业的过程中，父母尽量不要干扰和打断。但如果发现孩子磨蹭拖拉，或者不停地玩东西，坐立不安，找各种借口离开座位等，必须制止。可以走到孩子身边，用手一边抚摸他的头，一边说："是不是遇到了难题，做不下去了，要不要妈妈帮你一下？"

父母这样说，是在帮助孩子把注意力拉回到学习上。如果孩子否认遇到了难题，父母要表现出一种平静的神情说："作业剩下的不多了，我看要不了多长时间就写完了，我陪着你可以吗？"如果作业还剩下挺多，也可以说："你是不是累了？要不要休息5分钟，5分钟后再来写，妈妈等着你好吗？"这种方法，实际上首先是中止了孩子不专心的行为，同时也是使孩子明白：大人在关注他，希望他快一点完成作业。

繁杂的环境会让大脑选择和处理信息的任务量加大，注意力就容易被分散，而那些自控力差的孩子更容易受环境影响。因此父母要为孩子打造一个安静的环境，让孩子能够静下心来学习，避免被外界事物分散注意力。

4. 远离电子产品的诱惑，提升孩子的专注力

育儿专家指出："过多地玩电子产品，是导致孩子注意力不

集中的原因之一。因为这些影视剧、动画片、广告等都是运用语言、画面灯光等多种手段吸引观众的,影视剧和动画片的内容多是跳跃式的片段式的内容。当孩子上学时,面对枯燥的书本文字时,就很难集中注意力专注于学习。"

当然,很多父母也意识到了这一点,他们也会极力阻止、管束孩子长时间看电视、玩手机。开始,父母会心平气和地提醒"把电视关了吧!""别再看手机了。"但孩子往往不闻所动。数次不听后,就会忍不住采用摔手机、断网、打骂孩子等激烈的手段。实际上,这种做法不仅不会成功阻止孩子远离电子产品,还会让孩子变得更加叛逆。

要寻找解决孩子沉迷手机等电子产品的方法,需要从根源上弄懂孩子是如何迷恋上它们的。在新浪的育儿论坛上,一位妈妈问道:"外出就餐,孩子闹腾得厉害,怎么办?"帖子下面大多数的回答是:那就给他一个手机,看喜欢的视频,玩个游戏,不出三秒,立马安静下来!

不难发现,现在无论是在家还是在外,手机都成了各位父母的哄娃神器。为了让孩子听话乖乖完成某项任务!为了让他打发时间不干扰大人!越来越多的父母学会了用手机来哄孩子。孩子对此非常受用,甚至有的孩子已经过度依赖了,不给手机不吃饭,不给手机不洗澡,不给手机不睡觉……

反思一下,孩子之所以迷恋电视和手机,多半责任是不是在我们父母身上?嫌孩子闹腾,扔个手机给孩子。太累不想陪孩子,扔个手机给孩子。甚至是孩子帮忙做家务了，字写得工整了，也会拿玩手机和看电视作为奖励。没有更好玩的事情，也没有人陪，孩子也只能依赖手机和电视。

当然，科技时代，我们也不能完全控制孩子不看电视不玩手机。重要的是，合理安排时间，不沉迷于此，以至于影响学习和健康。那么，我们来看如何让孩子抵制电子产品的诱惑，合理安排使用的时间：

- **严格控制时间**

孩子可以看电视或是玩电脑和手机，但是一定要有时间限制，不能想玩多长时间就玩多长时间。这就需要父母和孩子提前做出约定，计划好每次使用电子产品的时间。比如，在周一到周五，孩子每天可以玩半个小时的手机，看20分钟的电视。写完作业之后玩半个小时的手机作为奖励，饭后看20分钟的电视用来消化。

等到周末，父母可以将玩手机、看电视的时间提高至一个小时。将使用时间进行分段，上午玩半个小时的手机，看半个小时的电视，下午玩半个小时的手机，看半个小时的电视。最好不要把时间放在一起使用，以免孩子的眼睛长时间被刺激，从而受到伤害。还要避免孩子吃饭时、睡觉前玩手机、看电视，不利于孩子的身体健康。

父母要提前和孩子约定好，一旦收到提醒到时间时，必须马上放下手机，关上电视、电脑。父母可以给孩子买一个闹钟，定好时间，并且告诉孩子，闹钟响了就要关上电视或放下手机。

- **给电视设置自动关机**

父母可以设置在1个小时后,电视自动关机。孩子打开电视时就告诉他,1个小时后,电视也要休息了,让他先接受这个事实。快到设定的时间时,启发他,要到规定时间了,如果你自己主动关电视,会有奖励。因为孩子会认识到,不管怎样,电视最后都会被关掉,还不如自己主动关了呢。

- **转移孩子的兴趣**

孩子对于世界的好奇心是一直存在的,之所以沉迷网络,就是因为网络中新奇的事物很多。给孩子培养一种他真正感兴趣的爱好,如阅读、绘画、乐器、发明创造等,一旦有这么一个爱好,在空闲的时间里,孩子就会去做这件令他感兴趣的事情。

同时,多带孩子外出,如带他们出去玩滑板、堆积木、玩拼图,只要找到他们除电视之外感兴趣的点,他们会毫不犹豫地放下遥控器,跟你走。

- **打造无电视家庭**

有人曾问过新加坡"国父"李光耀:"你担心电视会给孩子带来不利影响吗?"李光耀先生的看法是肯定的,与其让孩子抵制电视的诱惑,不如让孩子远离诱惑,他的最简单的做法就是家里直接不装电视。

曾有一篇名为"这些年,家里没有电视和网络,我们做了些什么"的文章火遍了朋友圈。作者在文章中写道,家中一直没装电视和宽带,因为她觉得大人白天对着电脑工作,晚上除了家务就是陪孩子。有时候陪孩子看书、做手工、学编织等，有时候和丈夫就带着孩子去楼下散步，去游乐场骑滑板，和小朋友捉迷藏，或是到附近的广场转几圈。周末了，还要带孩子去兴趣班、去图书馆、去电影院、体验陶艺……根本就没时间在家里看电视和上网。

能让孩子感兴趣的事情太多了，多数时候，都是因为父母太懒，不愿意付出时间和精力去陪伴，才导致孩子迷恋电子产品。

5. 不轻易打扰，让孩子专注做事

父母总喜欢去关心孩子的方方面面，比如，孩子正在专心练字，妈妈推门送水果。孩子在搭积木，爸爸忽然兴趣满满地要求加入进来。

父母的做法在他们看来是关心孩子，但实际上却是打乱了孩子原有的步调和计划。而当孩子的思路中断，重新启动和连接就需要很多时间，甚至有时候花很多时间也连接不上。

比如，很多父母在孩子读书的时候，常会以关心孩子的名义，不是去递水送水果，就是提醒书与眼睛离得太近。本来是出于好意，但是每一次打断都会影响孩子接下来的思考。尤其是当孩子看的是那些系统性和逻辑性强的书本，因为干扰而思路被打断后，孩子就很难再集中注意力。

另外，也有父母总喜欢在孩子认真写作业的时候，去询问作业完成情况或是监督孩子学习。比如一会儿指责孩子做得不好，一会儿又在孩子需要安静做作业的时候打电话，不停地打扰孩子。导致孩子的耐心都被消磨殆尽了，根本就无法认真做作业。

孩子因为年龄还小，本身就容易受干扰、诱惑，如果父母再不分时候地提醒、指责，孩子就无法集中精力，以至对正在做的事失去兴趣。

不打扰，不干涉，让孩子沉浸在自己的时间里，不仅是对孩子专注力的保护，更是对孩子兴趣的发掘。白岩松童年时经常拿母亲的借阅证去借书，但白岩松的母亲并没有干涉过他，让他可以安静地读书。而白岩松成为父亲后，他儿子的阅读启蒙居然是从武侠小说开始的，朋友都劝他管管孩子，但白岩松并未在意。孩子在看完小说之后，就对历史产生了极大兴趣，甚至影响了高中的学科选择。白岩松认为是因为孩子的兴趣自始至终未曾被打扰，从而让兴趣变成了他的选择和追求。

父母的不干预反而能够促进孩子的个人发展。不仅是在学习的时候，在孩子玩耍和思考的时候，父母同样也不要轻易打扰。

有的父母看见自己的孩子在安安静静地玩玩具，心里很是喜爱，就情不自禁地想和孩子一起玩，于是完全不考虑孩子的心情就直接要求加入，这是很不受孩子欢迎的。

小然特别喜欢玩石头，他把石头放到水里玩，或者刨坑把石头埋在土里，一个人很开心。爷爷只要有时间就跑过去，不是怕他冷就是怕他热，还指导他这样那样。于是，只要爷爷一靠近，小然就不高兴地嚷嚷着让他走开。

在孩子没有危险、无须帮助的时候，就不要去介入孩子的游戏。就算你觉得孩子玩游戏犯了很多不该犯的错误，明明可以有更好的办法，那也不要去随便打扰。父母的干涉只会让孩子无法集中精力，做不到专注，甚至不知道怎么做才是对的，从而影响他的探索欲望。

另外，在孩子观察思考时，也不要轻易打扰。孩子好奇心重，经常会盯着小虫子、小蚂蚁，看得入迷，或者朝着一个方向出神。这些表现多半是孩子对新环境的事物感兴趣，正在用大脑来处理眼睛所看到的信息。孩子在观察细微事物上有特殊的视角，很容易被成年人忽视的、没有什么价值的物品，却能吸引孩子的全部注意力。

动物园里，5岁的聪聪正在津津有味地看猴子，爸爸不耐烦地催促："走了，走了，还有好多动物没看呢。""爸爸，等会。你看那只小猴子一只手拿着胡萝卜，一只手还能爬绳子，好厉害啊。"爸爸一边敷衍一边又催："是啊，赶紧走吧，都看半个小时了。"

专家说，一个2岁的孩子就可以观察半个小时的河马。当孩子处于观察的时候，父母不要因为赶时间而催促孩子，走马观花地看所有动物，还不如让孩子在喜欢的动物前多逗留一会，尽情享受观察的乐趣。

注意力是通过孩子在童年时期进行练习来加强的，而孩子独自做事的时候正是提高专注力的最佳时机，如果经常被父母打断，就会影响孩子注意力水平的提高。所以父母在必要时应做到不打扰，这才是对孩子最好的帮助。不过，这个过程并不是对孩子不闻不问，而是随时关注孩子，在必要的时候现身。

- **及时提供帮助**

孩子在做一些复杂的事情上，可能会遇到一些挫折，当发现孩子失去耐心，开始发脾气，或是寻求帮助时，父母就要及时介入提供帮助，以免孩子因为不断受挫而选择放弃。不过，不要直接教孩子正确的方法，可以事先引导，让孩子开动脑筋想办法。

- **等完事再给予指导**

如果孩子没有寻求帮助，父母就应该等孩子学完了再去指导，尤其是写作业的时候。很多父母在孩子身边一边看手机，一边监督孩子，嘴里不停叨叨："写快点""别磨蹭""这道题算错了，重新算一遍"……即便发现了孩子的错误，也要忍住，等孩子写完作业再让孩子去检查，发现错误。然后，再根据错误的类型，给予指导。

不轻易打扰，才能保护孩子的专注力，让孩子专注于做事。

6. 孩子坐不住，认清是哪一种专注力缺失

很多父母只知道孩子专注力差，却不知道注意力差也分不同类型。你了解自己的孩子属于哪一种专注力缺失吗？

按照专注力差的不同表现形式，通常可以把专注力分为五个类型。

指向型专注力：是指孩子能够将精力集中于指向一个特定目标，从而忽视其他视听来源。比如在教室里有老师上课的声音、学生的朗读声，以及门外的嬉闹声。孩子能将自己的听觉注意全部集中于老师讲课的声音，而忽略外界其他声响。

转移型专注力：含义是在集中精力完成一件事之后，把所有注意力收回，全部汇集于下件事情上。比如上体育课后，需要迅速把注意力放到下一节课，但有些孩子还沉浸于体育课中，无法清空大脑。还有孩子在写作业时，会因为无法在看书、写字之间合理转换，而导致浪费时间过多。

分配型专注力：含义是让孩子把自己的注意力同时放在几件相关联的事情上。比如上课的时候，孩子就需要边听课，边看黑板，还要记笔记。若孩子没有良好的分配型专注力，学习中无法做到同步记录，就会降低学习效率。

选择型专注力：是指在许多目标中，选择一个或几个尤其要注意的目标。比如孩子忙着记笔记，老师叫他回答问题，他没有反应。这其实是一种选择型注意力缺乏的一种表现。

持续型专注力：含义是孩子能够维持多长时间的注意力，也就是孩子的注意力持续时间。研究表明，一般情况下，孩子的年龄与专注情况有关。孩子在 5 岁到 6 岁之间时，持续时间是 10 到 15 分钟；在 7 岁到 10 岁之间时，持续时间为 15 到 20 分钟；

在10岁到12岁之间时，持续时间为25到30分钟。父母需要把孩子的注意时长记录下来，将这些数据系统地进行对比，可以直观地看出孩子的专注力水平到底如何。

不同的专注力缺失类型，需要改善和提升的方式不同。下面，我们来看如何通过游戏来提升孩子不同类型的专注力。

- **训练指向型专注力的游戏**

若孩子缺乏指向性专注力的话，可以用听懂反应游戏来训练。比如给孩子角色比较多的故事：小羊的果园里长满了水果，有西瓜，有苹果，有葡萄等。小动物们都过来帮忙采摘，小狗去摘西瓜，小猪去摘苹果，小熊则去摘葡萄……让孩子听到一个小动物的名称，就用手轻拍一下桌子。通过这种游戏，可以进一步提升指向型专注力。

父母还可以和孩子玩相反口令游戏，由爸爸妈妈说出一个口令，孩子做出与之相反的动作。比如妈妈让站起来，孩子就要马上蹲下。设置一定的时间，分别计算父母和孩子的准确程度，当然也可以设置奖励让游戏变得更加有趣。这个游戏能够加强父母与孩子之间的交流，还能训练孩子的听觉能力。

- **训练转移型专注力的游戏**

对于转移型专注力的缺失，可以用玩"串珠子"的游戏来进行训练。父母需要给孩子准备不同颜色的珠子，先按红绿蓝、黄红绿的组合串珠，之后可以把串珠的颜色数量进行增加。这个游戏，能够帮助孩子专心于所看所听的事物，进行分析回应。

- **训练分配型专注力的游戏**

对这种情况的训练方法是玩"听故事找词语"的游戏,给孩子念一篇故事。比如龟兔赛跑,兔子和乌龟比赛跑步,结果兔子由于太过自信而中途休息,结果被反超。比赛结果是擅长跑步的兔子反而输了,而做事慢悠悠的乌龟却赢了。讲完故事后,让孩子数一数"兔子"这个词出现了多少次,并让孩子把故事的大概内容复述一遍。父母注意要控制好难度,词语逐渐增加。

- **训练选择型专注力的游戏**

针对在选择型专注力上有欠缺的孩子,父母可以和他们一起玩"挑豆子"的游戏,给孩子准备一盘不同颜色混合的豆子,让孩子将绿豆挑在一起,黄豆挑在一起,黑豆挑在一起。这种方法能让孩子在所有豆子中,选择出自己需要的豆子放在一起。还有一种方法是"夹弹珠",把弹珠装到碗中,在一定时间内让孩子用筷子把弹珠夹到另一个碗中。时间可以规定为1分钟,夹起成功的数量可以规定为17个。

要注意的是,只可以用筷子接触弹珠,不能用身体部位或是其他工具接触弹珠,通过这种反复的训练过程,可以让孩子的选择型专注力得到提高。

- **训练持续型专注力的游戏**

父母如果想在一定程度上提高孩子的持续型专注力水平,可以玩一些走迷宫的游戏。可以先带孩子仔细观察迷宫的路线,如果确实有难度,还可以先用手指按迷宫的路线画一遍,再让孩子用笔一点点走出迷宫。父母还可以选择使用彩色胶带来制作迷宫，用彩色胶带在房间地面上贴出一个迷宫，让孩子通过身体的转动来走出迷宫。这种游戏不仅可以训练孩子的专注力，还能提高孩子的逻辑思维能力。

　　这些小游戏都能在一定程度上帮助孩子提升专注力，让孩子能够更好地集中注意力。父母可以针对孩子的实际情况进行选择，相信一定会取得很好效果。

第七章

6大工具，教孩子做时间管理

1. 番茄钟工作法,最简单的时间管理工具

番茄钟是一个可以让孩子专注于学习、工作的工具,它默认的时间通常是 25 分钟,休息 5 分钟。在这段时间内,要专注于学习、工作,不玩手机,不胡思乱想。

但是,考虑到大部分孩子的专注力只能持续 15 分钟,也就是说课堂时间为 45 分钟,有 30 分钟孩子都在发呆或是自娱自乐。那么,对孩子来说,可以以 15 分钟为一个番茄钟周期,一般的番茄钟都可以自行设定时间。

利用番茄钟这个工具,既能让时间管理变得仪式化,又可以让每个任务量化,比较容易达成,从而使学习效率得以提高。具体怎么用,父母可以参考下面的方法:

- **番茄钟启动后,不可随意中断**

在番茄钟开始使用前,先让孩子明确今天的学习任务,把它们写在列表里,然后按优先程度排序。在这些事情中,选择最重要的一项作为首要任务。启动番茄钟,时间为 15 分钟。

在一个番茄时间内必须集中精力做所选择的任务,在这 15 分钟内,不可以喝水、吃东西、东张西望,不能做与任务无关之

事，否则时间作废。比如想上厕所，就要把正在做的番茄钟取消，不能中断之后继续进行，否则会打乱原来的节奏。

如果在规定时间内提前做完，就再重复学习一遍，等时间到达为止。计时器响起时，如果任务没有完成也要马上停下所做的事情。

- **休息时间不想和学习有关内容**

每学习15分钟之后，要用3到5分钟进行充分休息。休息时间内孩子应该避免高强度的脑力活动，也不要去想现在的学习进度。要把手中的学习任务完全放下，可以去喝点水、拉伸一下、听些音乐或者眯一会儿，至少也要站起来四处转一转。等到休息时间结束，就可以继续下一个阶段。要记住，五分钟比想象的要快，因此不要做一些复杂或者很有吸引力的事情，否则休息结束时将难以快速切换回学习状态。

不要小看休息时间的作用，通过休息可以激发下个番茄钟学习的动力。

- **每4个番茄钟后大休**

每4个番茄钟结束后，进行一次大休，时间为15到30分钟。大脑需要时间来将学过的知识进行巩固，形成体系。

休息的时候，孩子首先要离开学习区域，四处走一走，活动一下身体，让血液流通。也不要把休息想得太过于复杂，只要能够恢复精力就可以。比如可以收拾书包或是整理课桌。还可以在网上找一些颈部或头部按摩，进行同步练习。

在完成所有番茄钟后，要及时记录下使用的情况。包括番茄钟中断的次数以及发生的紧急事件等，以便于之后进行调整。

番茄工作法是一种极其有效的时间管理方法，它可以让孩子得到休息，从而提高效率。对孩子来说，小时间段的番茄钟让任务更具有可行性，精力也更容易集中。另外拖延的根本原因就是有些任务是孩子不愿意去做的，但在番茄钟的实行阶段可以把这类任务变为孩子自己主动选择去做的事情。

2. 时间表格——最常用的时间管理工具

时间表格是一种时间管理的工具，是将某一时间段中已明确的任务进行记录，从而提醒使用者按时间表格的进程行动，达到有效进行时间管理的目的。时间表格不仅有助于孩子养成良好的生活作息习惯，也能够让孩子在一定时间内高效率完成任务。

比如有的孩子在没有制订作业计划的情况下，就会写一会儿玩一会儿，浪费了许多时间。而在有时间表格的前提下，做作业的时间有了限定，效率也就提高了。另外，时间表格还能帮助孩子把一件事长期坚持下去。比如，小真为准备舞蹈表演专业的研究生考试，给自己制订了详细的学习计划。如下表：

6月训练计划

时间	训练内容
上午6点——8点	柔韧度练习、上髋关节及肩腰部软开度训练、身韵的训练
上午9点——12点	英语、思想政治理论等文化课学习
下午2点到6点	舞蹈史、艺术概论等专业课学习
晚上7：30——9点	观看民族舞成品舞蹈并进行学习

虽然实现这个目标需要很长时间，但她每天都在计划的指导下，坚持练习和学习。每次坚持进步一点，就一定会在最后取得一个较为满意的结果。

另外，时间表格也会给孩子带来安全感。因为表格上已经把要做的事安排好了，孩子知道接下来会发生什么，心理上就不会有茫然无措的感觉。比如，有的孩子常常会说自己好无聊，其实就是缺乏日程表格的缘故，没有安排，一时不知道该做什么。

每年的暑假和寒假时间都比较长，如果不想让孩子浑浑噩噩地过一两个月，就和孩子一起来制作一张时间表格吧。从起床、吃饭、午睡、休息的时间开始规定，让孩子习惯在特定时间做特定的事情，养成一个好习惯。

时间表看起来很简单，在制订的过程中也需要注意以下几点。

- **根据自身生物钟安排时间**

生物钟可以理解为在人体内有一个无形的钟表，一旦到了某个特定时间，就会进行生命活动。若是未按照时间去做相应的行动就会导致身体出现问题，反之，若是能够把握各项活动处于最高点的机会，选择性采取一些行动，往往会取得很好的效果。

一般来说，记忆力最好的时间段是早上醒后和晚上睡前一小时。它们一个是信息还未输入，一个是信息的最后输入。因此，在没有其他信息的干扰下，最适合安排急需记忆的任务。而上午8点到10点，是一天的开始，这段时间做什么都会很顺利。孩子可以利用这段时间做一些思维性强的任务，或是学习新知识。而下午14点到16点是一天最低沉的时期，一定不要在这段时间去进行背诵。晚上17点到21点，大脑会重新活跃，变得清醒。适合安排一些重要的事情，比如可以复习之前的功课。

总之，孩子应该把空余时间按自己的效率和生物钟情况给予不同分数，将最紧急、重要的工作放在分值高的时间段里，从而实现效果最大化。

- **保留30%的空白时间**

孩子在制作时间表格时，要考虑到计划的弹性。每天在安排任务的时候，至少要保留30%的空白时间，保证重要的任务可以如期完成。因为计划安排得过密，会降低被完成的概率。所以在做计划时，一定要确保重要的任务能够被分配到足够的时间。这种做法也会在一定程度上增加可行性，让孩子完成计划的意愿得以提高。

- **合理利用零碎时间**

从时间表格中把大块时间处理完之后，不要忽视对零碎时间的使用。孩子可以用它去做一些运动、背几个单词，或者复习一些学过的知识点。另外，如果有一些事情是孩子不喜欢去做的，可以将它分成小段，在做其他任务的空隙一点点完成，从而把整件事情做完。

- **保证两类时段不受干扰**

在现实中，总会有一些突发情况出现打乱原本的计划。这就要求孩子每周选择两类不受干扰的时间段，分别是生物钟最佳期和深度思考期。在这两段时间，孩子要和父母说好，绝对不要去打扰他。孩子自己也要做到关闭一切电子产品，完全静下心来沉浸于学习之中，不受外界干扰。

在制订时间表格时，一定要做到切实可行。不要忘记预留出休息和放松的时间，让孩子自己做到以最好的状态迎接下一次的任务。通过制订时间表格，孩子既可以对自己当前所要做的事情有一个系统的认识，也能够为长远目标的实现打好基础。不仅如此，时间表格的制订还可以提高孩子的时间管理能力，培养孩子合理利用时间的良好习惯。

3. 买个闹钟，让孩子遵守时间约定

闹钟的功能表面上是在提醒孩子该做什么了，实际上，闹钟能让孩子从父母的唠叨和催促中解脱出来，重获对时间的掌控感。研究证明，孩子如果能够掌控一件事，他的行动和结果之间有联

系的时候，孩子就会更加喜欢这件事，进而表现更好。

菲菲总是赖床，无论妈妈怎么说都不做出改变。后来妈妈请教了心理医生，采用了一个新方法。菲菲一天放学回家，发现了桌上的礼物。原来妈妈送给了她一个精致小巧的闹钟，闹钟上贴着便签："菲菲，你不喜欢早上被叫醒是吗，妈妈理解你！并向你道歉，以后你自己做主。"之后菲菲果然能够管好自己，每次闹钟响起，就主动起床穿好衣服。

孩子自己确定时间定好闹钟，这种自己说了算的感觉，不仅能让孩子增强时间观念，也会让孩子越来越自信和自律。

随着时代的发展，闹钟的形式也越来越多样化。除了传统的老旧闹钟，父母可以考虑用一些新奇有趣，甚至脑洞大开的闹钟来吸引孩子。比如手机 App 里的怪物闹钟，它的整体界面特别可爱，而且有五十多种免费的闹钟进行选择。每次闹钟响起，必须要玩一些类似拼图、算数的简易游戏才能关掉闹钟。还有一款新型闹钟的外观采用 3D 打印工艺，全手势控制，没有任何按键，表面可提供不同三维效果以适应房间的装修风格。它拥有 30 种以上不同音效，可供孩子自由选择铃声，并提供十几种叫醒服务，醒来时还可以听到音乐声。

如果你告诉孩子，"明天早上，让你喜欢的味道叫你起床。"孩子一定惊讶又开心，兴趣满满。有一款独特的气味闹钟，它通过散发各种不同味道的香气，来叫人们起床。使用者只需要每次在睡前先设置好时间，在闹钟上方将气味盒放进去。等到了早上，闹钟就会将散发气味，直到使用者醒来为止。如果在 3 分钟之内还没有起床，闹钟就会自动响起。

送给孩子一个小闹钟很容易，难的是如何让闹钟成为孩子管理时间的小助手。那么，在使用闹钟的过程中，父母需要注意什么？

- **定一个有缓冲时间的闹钟**

闹钟仅仅是作为帮助孩子确定时间的工具，关键还是要看孩子自己。父母一定要和孩子提前沟通，确信孩子能够接受制订的时间计划，让孩子自我监督。之后一起定好闹钟，放于床头。每天让闹钟把他叫醒，他自己按照计划去安排早上需要做的事情。

需要注意的是，在设置起床时间时可以设定两个时间，比如 6:30 和 6:40。第一次闹钟响起意味着要起床了，而第二次闹钟响起则意味着必须马上起床，不起床就要迟到了。

年龄小的孩子可以给他买一些好玩、有趣的闹钟，让孩子能够选择自己喜爱的叫醒铃声，这会令孩子更乐意准时起床。

- **体验不守时的后果**

父母要允许出现这样一种情况：闹钟准时响起，孩子却因为没有及时起床而导致迟到。这时父母不要因为孩子不起床就一遍遍地去喊他，这样很容易让双方都不高兴，孩子会更加讨厌父母。所以，最好的方法就是，在与孩子制订好时间后，就应该做出孩子可能不守时的准备。他如果因为起床晚了而迟到，在学校被老师惩罚训斥，也是他自己的选择，他要为自己所犯的错误承担相应的惩罚。做父母的不要过多参与。

另外，父母还可以尝试让孩子体验一下不守时的后果。有的学校是到了上课时间就把大门关上，而迟到的人需要站在外面做完早操。但大多时候，只有父母会觉得被锁在外面丢面子，孩子通常都无所谓。那么，父母就可以找一天让孩子感受一下迟到的后果，只有让孩子真实体验到被关在门外，老师不停批评是什么感受，他才会意识到不守时的代价是什么。

- **把闹钟和钟表的时间调快**

有时候准时出发也会迟到，这是为什么呢？原因就在于没有预留出一定时间。上学途中总会发生一些无法预料的事情，比如早高峰堵车、电梯坏了等情况。那么为了避免迟到，父母可以让孩子把家里的闹钟和钟表调快十分钟，提前10分钟出门，上课提前10分钟进教室等。这样不仅降低了迟到的风险，还能无形中提高效率。

闹钟可以在一定程度上帮助孩子培养遵守时间的习惯，让孩子能够更好地进行时间管理，并逐渐成长为一个自律、诚信的好少年。

4. 好用的儿童时间管理工具App

随着手机的广泛应用，各种时间管理App也应运而生。因为这些App拥有帮助使用者自我控制的强大功能，于是越来越受追捧。它们不仅可以帮助孩子安排计划，还可以降低孩子在特定时间内使用手机的频率。另外，时间管理App能够督促孩子持续做一件事，让它变成习惯。也能随时记录需要做的事情，从而提高学习效果。

虽然父母都想孩子尽量远离手机，但在这个科技时代，完全不让孩子看手机或者不用手机，也是不现实的。如果孩子已上初中，拥有了自己的手机，那父母不妨借机下载一款好用的时间管理App，让孩子学习管理自己的时间。

那么，有哪些好用的儿童时间管理App呢？

- **记录任务时间量的App**

这类App是用来记录任务的完成时间，让孩子获得成就感的同时，需要与目标相结合，让时间分配更合理，从而使学习效率进一步提升。

ihour

具有每日记录的功能，能够记录孩子完成的每一个任务所花费的时间。它会将所有任务汇集在一起，方便进行编写。此外，该App中有项目时间计划和统计，可以清晰地给出百分比的图表，让孩子在时间分配上能达到平衡状态。

嘀嗒

具有鲜明的个性化设计，孩子可以自定义软件的背景、提示音和铃声。不过在统计部分，无法看到除本月外其他时间的数据，这部分需要付费。

爱今天

在记录任务花费时间的同时可以自动生成图表，能够让孩子更直观地看到自己的努力情况。还能进行评级，激励孩子继续学习。

番茄 To do

整体界面偏于简洁，可以对目标的完成情况进行追踪、处理。通过目标可视化能够让孩子随时自我观察，从而分析自己的不足并及时改正。

这个软件功能相对齐全，数据展示分析、实时同步、个性化背景等都能够使用。

- **帮助完成计划的 App**

该类 App 可以帮助孩子完成制定的目标，能够给任务设优先等级，及时记录目标的完成进度。

时光序

整体界面相对干净，能够重复提醒，避免孩子出现短暂失忆的现象。在日程添加方面，采用语音形式，做到自动识别时间。

采用多视图管理的方法，周视图是以 24 小时为节点全方面展示生活与学习；月视图是呈现整月的事情计划；四象限以事件的重要程度划分事务，自动建立科学的优先级。

365 日历

日历为主要功能，用来标记一些未办事务。有两个新增功能，一是生日本，在记录时能够显示农历阳历、生肖以及年岁。二是重复标记，孩子可以自己设定计划的频率、次数等。比如孩子每天跳绳100次，那么标记完成时可以选择仅标记某条，或是全部标记。

这个软件有良好的协作能力，可以在微信上将日程分享给他人。另外，像天气资讯、车辆限行等生活信息都能一览无余。

MyWeek

这是一个只能设定一周计划的软件，适用于生活相对规律的孩子，可以清晰地看到本周的具体任务。比如每周一早上开班会、每周三放假、每周五有班级活动等。由于时间比较固定，就能够知道自己还有多少剩余时间。

日事清

这款软件能够制作目标管理，计划做完可以直接应用到日历之中。其中最特别的一点是能将目标进行分解。比如孩子要设定一个"运动"目标，就可以分解成跑步、打球、游泳等，之后再把它们放到日程中。缺点在于：1.电脑版容易出现问题；2.计划和日程间做不到完全同步。

- **记录待办事件的App**

滴答清单

滴答清单通过将番茄时间和任务管理进行整合，从而提高学习效率。比如："晚上6点到7点背课文"，那么6点钟收到通知时，就可以在弹窗处直接点击"开始"进入番茄状态，操作相对便捷。

加入了"成就值"和"完成率"，它们能通过成就值数字的增减情况和百分比数据展示，得知孩子最近的学习状态，以及具体效率如何，从而让孩子分析自己效率最优的时间段和天数。

成就清单

成就清单内存小，无广告，具体分为成就、欲望、清单三栏。每完成一件事，就可以获得成就；如果玩手机或是看电视花费了 10 分钟，就需要用 10 分钟背单词来抵消。

可以随时看待自己的盈亏情况，以便于及时调整。

- 提高专注力的 App

Forest

孩子在开始学习的时候，将 Forest 的开始按钮打开，就可以开始种树。在此期间，孩子只要玩手机就会让树变得枯萎，无法存活。如果坚持到 30 分钟，孩子都没有滑动手机，就可以收获一棵树，每一棵健康成长的树都代表孩子的努力成果。这种方法不仅可以提高孩子的专注力，还能培养孩子的时间管理能力。

时间管理 App 能够协助孩子完成目前的任务，实现长远的目标，可要想真正控制好时间，关键还是要靠孩子自己。所以，当孩子学习的时候，一定要做到远离手机。

5. 四象限法则，让孩子分清重要的事和紧急的事

在日常生活中，许多人经常因为一些繁杂的小事而耽误了时间，甚至连重要的事情也没来得及做。结果就是今天拖明天，明

天拖后天，永远没时间做。其实不仅是成年人，小孩子也是这样。如果去浏览教育论坛和贴吧，就会经常看到有父母问这样一些问题：

"这马上都要考试了，我们做父母的都急得不行，孩子是一点都不担心。非要到临考的时候开始着急了，结果发现这不会那也不会，于是每天废寝忘食地读书。你说他早干什么去了，现在临时抱佛脚还有什么用呢？"

"让孩子学习真是太难了，他写个作业看个书还要先准备一段时间，说什么前期工作做好才有动力。好不容易等到正式学习的时候，他一会儿拿个书，一会儿又要发条消息，根本就静不下来心去学习！"

"我女儿也不知道是乐于助人还是没有主见，就喜欢帮别人做事。结果忙活一天，把别人的事办得井井有条，自己的事情是一点都没做，光去忙别的了。"

总结下来其实不难发现，这些孩子的问题都有相通之处。那就是做事没有条理，不知道孰轻孰重，也分不清主次关系，最后导致做什么都效率不高。其实这种情况是儿童时期的一种自然反应，但是如果父母不注意引导，往往就会让孩子的大脑逻辑思维变得混乱，从而很难独立保质保量地完成一件事情。

如果孩子想做事情有条理、有主次，就应该清楚知道目前最重要、最紧迫的目标是什么，有缓冲空间的任务是什么。然后马上执行，把最重要的任务先完成，也就是按事情的重要性来判断做事的先后顺序。孩子可以对照制订好的计划，仔细分析哪个任务可以帮助自己达到目的，并按顺序进行标记。需要注意的是，时间效益也需要考虑。比如，孩子在上课的时候生病了，那么当务之急是应该去医院，而不是拼命学习。在此期间听课不仅学习效率不高，还会影响孩子的身体健康。

关于时间管理，我们最熟悉的莫过于艾森豪威尔矩阵，即时间管理四象限法则。它是根据任务的紧迫性和事情的重要性两个维度，构成了一个四象限的矩阵。把事情分为重要紧急、重要不紧急、不重要紧急、不重要不紧急，然后选择重要的事情优先去做。如下图：

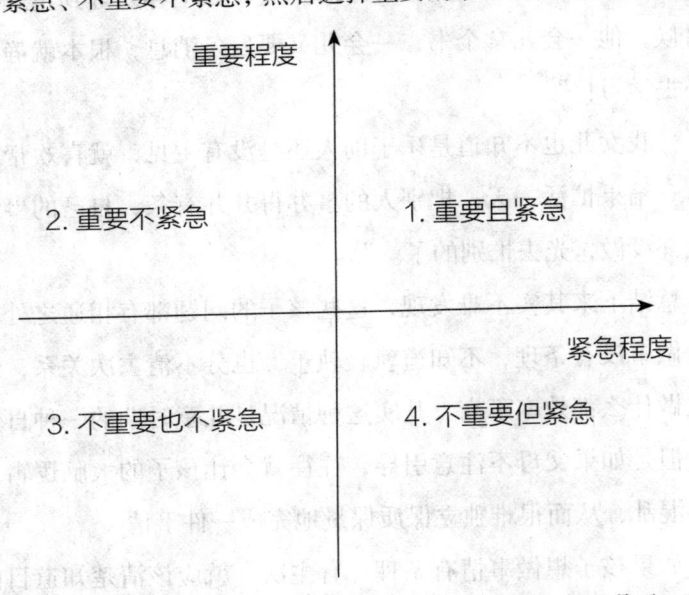

我们可以先让孩子把某个时间段（比如放学后、明天、下周或者各种假期）需要完成的任务列一张任务清单，再去教孩子根

据四象限法则把自己要做的事分类。

- **重要且紧急，立即去做**

什么是重要的事务？重要的事务是可以为学习目标提供有利条件的，即便孩子不喜欢做也要去做。那什么是紧迫的事务呢？这一类的事情一般具有时间的紧迫性和影响的重要性，急需优先进行处理。这类事情只有先做完，才能让其他工作继续进行。

紧急的判断标准就是事务完成的时间要求，而具体要求需要根据孩子自身情况来进行判断。比如：明天要交的作业、需要预习或复习的科目等。如果孩子想去买新衣服，但又有作业没有完成，那很显然，必须先去写完老师留下的作业，才能够去做其他事务。因为做作业是紧急而又重要的事情，应该优先完成。买新衣服虽然也算紧急，但显然不是最重要的事情。

- **重要但不紧急，做好计划**

这部分是一些必须要做但并没有那么紧迫的事情，而重要的事务是应该在未发生前就做好准备，这就需要我们提前去制订计划，才能把这些事情高效地完成。比如周末去补习班、下周一要上公开课等。需要注意的是，这部分的事情经常会因为不太紧急而被忽略，但如果拖延到接近截止日期时，就又会变成紧急又重要的事了。比如孩子从四年级就备考KET，学习计划却一拖再拖，直到考试临头，资料还没学完。

重要不紧急的事中包括孩子的一些长远规划和目标，比如中招、高考等。一定让孩子重视起来，在平时做好计划严格执行，以防临时抱佛脚都来不及。

- **紧急但不重要，合理安排**

紧急不重要的事，就是对自身来说没那么必要，但看起来又需要急着去处理的事。很多人每天手忙脚乱，却毫无成绩，多半都是把时间荒废在紧急但不重要的事情上了。紧急不重要的事之所以容易让人陷入困境，是因为紧急任务常常披着重要任务的外衣出现，使得很多人把紧急不重要的事当成了重要又紧急的事去处理。

像修理漏水的钢笔、寻找学习用具，虽然看起来很紧急，好像不去做，就会耽误写作业，但换个思路反而能更好地解决问题。比如，可以先用铅笔或者圆珠笔代替漏水的钢笔，或者暂时借用别人的，先把作业完成。然后，再找时间去进行修理或者购买。

对于紧急且不重要的事，最重要的是保持一个平和心态，换个思路，根据实际情况合理安排，避免手忙脚乱浪费时间。

- **不紧迫不重要，尽量避免**

这部分相对比较好理解，也就是不管做不做这件事对自己和生活都没有太大的影响，但是会在一定程度上消耗精力、浪费时间，甚至还有可能带来负能量的事情。如聊天、玩游戏等，这些事情尽量避免去做。

在将事情分类后，执行也不容忽视。为了鼓励孩子有效执行，可以把事务与打分结果汇总起来。比如，在清单上写明每一项事情开始执行的时间，孩子可以每次做完一件事就进行标记或打分，等到周末或月末的时候将打分结果汇总，制作成表格。这样不仅有助于增强孩子的成就感，父母还能清晰明了地进行系统分析，以便于更好地了解孩子的完成情况。

在现实生活中，孩子可以根据四象限法则来安排具体任务，将时间合理利用，提高学习效率。当孩子能够做到有计划地将所有事情进行细致分类后，也就具备了做事的条理性。事实上，时间才是最宝贵的成本，学会用有限的时间发挥最大的价值才是正确的人生之道。

6. 手把手教孩子制作假期日程表

每次一到放假，孩子们就开始放飞自我了，基本上都不会主动去学习。齐阳就是这样，他本来时间观念就很差，尤其是到了假期更是变本加厉。早上不醒晚上不睡，整天就知道玩，作业也不写，就连假期之前制订的日程计划也早被他忘了。等到快要开学了，他才开始加班加点的补作业。这种现象在很多孩子身上都发生过，明明之前认真做好了日程表，发誓一定花二十几天的时间把作业写完。可现实就是计划没实行几天就被抛之脑后，成为一张废纸。而作业也并没有如期完成，拖到了最后。那么问题究竟出在哪里？原因如下：

1. 制定的内容不具有可行性

有些孩子在制订日程表时想得过于简单，完全没有考虑到一些必备的条件。直接想怎么计划就怎么写，许多细节都没有关注到。等到真正开始实行时才发现根本无法继续,要么内容与时间冲突,要么计划太多做不完,最后只能以失败告终。

2. 孩子自身的原因

日程表无法实行的内部因素主要分三方面。第一,孩子自身无法坚持下去。计划刚刚制订的时候,孩子也许会因为新奇而充满动力,但一旦新鲜感过了之后就会觉得没意思。再加上电脑、游戏的诱惑,很容易就会让孩子坚持不下去。第二,日程表的制定没有切合实际。很多孩子制订日程表时,根本没有考虑到是否有做到的能力,从而导致很多地方是根本无法完成的。如果想把计划完美实现,就需要做很多枯燥的重复性劳动,孩子难以坚持。第三,缺乏执行的时间。有的日程表虽然制作得很好,但孩子根本没有时间去实施,结果就是只能放弃。

3. 考虑不够周全

在制订日程表的时候,孩子经常只从自身出发,没有考虑周全,连一些预留时间和备选都没有。因此一旦临时有什么事情,就会打乱全盘计划。导致之后的计划也无法继续实行,不得不选择终止。

因此,制作一个有效的日程表,起码要考虑以下几点。

- **制作日程表要细致划分**

很多孩子的日程表就很笼统,直接写上几天内做完什么作业。比如十天内写完三科作业,二十天内把寒假作业全部写完等,完全没有一个具体的计划步骤。正确的方式是细化到每天以及每个时间段。

先预估一本寒假作业大概几天能完成,再将页数平均划分到每天。比如一本作业50页,预估5天写完,那么每天写10页。上午8点到10点完成5页,下午2点到4点完成剩余页数。中间要规定好休息时间,学习10到20分钟的时候休息5分钟。另外还要考虑到如果有突发情况,没办法完成既定任务的话该怎么办。如果生病或是临时补课影响到计划的完成,可以选择在晚上空闲时间将作业补回,或者在之后的几天中适当加入一些没完成的作业,将其补回。总之,日程表的制作要尽可能细致,避免太过泛泛,以至于没有实现的动力。

·日程表应该切实可行

在制作日程表时要考虑到计划的实际可行性。比如完全不去考虑作业的内容多少以及自己的实际完成能力,就直接定一个根本不可能完成的目标,那很显然就没法实现。

像那些抄写课文和单词的重复性很强又枯燥的任务,只需要了解数量按计划制订实行即可。但那些数学题、化学题就不一样,它们需要理科思维,不同人速度不一样。有些孩子可能一个小时就做完十几页,有的孩子可能才做完几页。所以,在制订日程表时一定要把自己的做题能力和做题速度考虑进去。不然,很容易无法按时完成任务。

·允许孩子自由调整

小孩子吃饭的时候常常没有定性,吃吃饭就跑去玩了,所以吃饭时间在日程表安排上就要相对宽裕一些，不要有定性的要求。当然有些活动可能延长或缩短了一些时间，不用过分追求完全按照日程表的时间规定走，可以有发挥的空间。

日程表并不是固定的，可以有所变化。父母可以允许孩子有自由调整的机会，共同约定某一时间是自由时间。比如在这个时间内，孩子可以选择搭积木、读书、唱歌、运动等，这些都是可以让孩子自由组合的模式。

- **讨论使用效果**

日程表在使用一段时间之后，父母和孩子都应该去表达一下自己的使用体验，看看效果如何。日程表制订好并实行后，必须要定期进行反馈，了解计划的具体实施情况，以便于及时修改不合理的地方，避免对以后计划带来不利影响。另外父母要记得把孩子表现好的地方记录下来，这样会在一定程度上提高他们的主观能动性。

在制作日程表时还需要考虑到孩子是否有足够实行的时间，如果孩子不仅要上学还要去补习班，根本没有时间的话，那计划就没有任何意义了。孩子如果能够制作好日程表并完美实施，就会让孩子的做事条理性得到极大的锻炼。

第八章

激发内驱力，让孩子自主管理时间

1. 让孩子自主制订目标，激发能动性

2021年高考已然过去，在得知成绩时是有人欢喜有人愁。复旦大学某教授给孩子制定了一个考进复旦的目标，结果孩子连大学都没考上。这位教授为了达成目标，让孩子从小到大都在好学校就读，付出大量精力和金钱，然而高考成绩却让自己失望透顶。

很多父母都是这样，为了让孩子少走一些弯路，就早早给孩子设定好目标，希望孩子按照他们的计划和方向前行。但如果不是自己想去的地方，孩子就会缺乏一定的动力，在父母生拉硬拽，威逼利诱下，勉强前行一段。但时间长了，父母发现，拉也拉不动了，推也推不动，奖励和惩罚也失效了。稍微逼迫一下，孩子反抗的欲望就如干柴遇见烈火熊熊燃烧，或者干脆成为压倒孩子的最后一根稻草。

父母之所以设定目标，是为了能够掌控孩子，让孩子在自己规划好的道路上前行。孩子在父母的控制下生活，个性就无法得到发展。只有让孩子自己设定理想目标，孩子才会有能动性，继续往前进步。有的父母为孩子设定过大的目标，由于没有进行分

解，会让孩子迷失方向，难以实施。

父母的任务不是帮孩子制定目标，督促他前进，而是引导他找到自己的目标，让他为了自己的目标去努力。

对于自己渴望实现的目标，即便在实现的过程中遇到困难，他也会努力想办法去解决。这能给孩子带来长远的积极影响，激发孩子内心的潜能。而当孩子通过自己的努力，将所遇到的问题，都一一解决之后，就会出现自我认同。从而使孩子的自我评价得到提升，孩子也会信心倍增。在遇到挑战时，孩子不会选择逃避，而是迎难而上。他们会用积极乐观的心态看待困难，有信心取得胜利。在一定程度上，孩子自己制定目标，会使孩子对生活更有激情，也会提高孩子的专注程度。

有父母说，我家孩子都没有目标，怎么办？每个孩子都有目标，只是很多时间，孩子的目标被外在的东西给掩盖住了。最好的父母从不强迫孩子努力，而是和孩子一起努力。

吴悠从小就对各种乐器感兴趣，却因为各种原因没有考入艺术院校学习，为了弥补这个缺憾，她决定考研学习声乐。53岁的妈妈周亚松也想重拾梦想，于是母女俩一起备战考研。妈妈一次考研成功，吴悠第二年也顺利考上。她们在校园内被称为"最励志母女"。

永远不要忽视父母对孩子的影响，即便不和孩子并肩一起努力，也要工作和生活中给孩子做好努力的榜样。最重要的是，父母应该如何引导孩子自主确立目标呢？

- **找到兴趣点并给予帮助**

在日常与孩子交流时，父母可以发现孩子感兴趣的领域，并支持孩子的新奇想法。哪怕外界干扰，或是历经磨难，父母也应该尽可能给予孩子帮助。比如，孩子的父亲是个音乐家，当他发现自己的孩子在音乐上有天赋，父亲就可以教孩子学习唱歌和弹琴。

根据孩子的兴趣爱好，确定孩子的未来发展方向，帮助孩子形成必生追求目标，并将这目标分成若干个小目标，当孩子取得一点进步时都应及时鼓励。找到孩子的兴趣所在，提供助力，是引导孩子确立目标的第一步。

- **传递工作中的目标感**

不管父母是否热爱自己的工作，都应该向孩子表示出对工作的热情，不要总当着孩子的面抱怨工作的烦恼。一般来说，父母是老师的话，孩子就会对教育行业有所期待；父母是在机关工作，平时潜移默化下，孩子有可能长大后就会成为公务员；父母在银行工作，孩子也会希望长大后成为银行职员，这都是因为父母经常传递出热爱工作的想法。

- **目标的具体设定**

引导孩子设定好目标，比如"你希望期末考试时，数学达到一个什么样的分数线呢？"另外，父母还需考虑到自己的孩子是否有能力实现目标。依据平时成绩来设定合适的目标。之前不及格争取这次及格；有一定基础则可以每次进步10分以上。

孩子目标过于远大时，父母应该及时修正，提醒孩子从小目标做起，日积月累才有可能实现。目标是需要落实到行动上的，父母可以让孩子写下自己的具体计划。比如"你打算如何提高数学成绩？每天要不要多做 10 道习题？或是每周多做 5 套卷子？"帮助孩子用行动实现目标。父母应该时刻关注孩子的进度，及时给予鼓励。如果孩子随堂测试的成绩有所提高，父母要及时鼓励，让孩子继续前行。

让孩子自主设定自己的目标，也就是给了孩子一定的自由，让孩子不必按照父母的规划的方案去走。这种方式让孩子能够有所选择，可以安排好自己想实现的目标。孩子也就有动力坚持下去，向自己设定好的目标进发。

2. 不越俎代庖，让孩子自己制订计划

父母们经常抱怨，为什么给孩子精心制作的时间表，孩子执行两天就兴趣缺乏？即便加大监督的力量，也改变不了作废的结局？因为在孩子眼里，那是父母制作的计划表，和自己简直没关系。比如父母想让孩子考年级第一，就给孩子制订了详细的学习计划；比如父母想让孩子考钢琴十级，就给孩子制订了详细的练琴计划。如果孩子对这些事情根本不感冒，当然就没什么执行动力。

维维的英语成绩很不好，急坏了他的爸爸妈妈。于是，妈妈

就给维维制订了一个背诵英语单词的计划,每天的目标是10个单词,每星期50个单词,星期四和星期日用来复习。

但是这个目标确立不到两天,维维就开始抱怨:"我的功课太多了,一天背诵10个单词太多了。"一个星期不到,维维就放弃了这个学习目标。

对于养育孩子,父母最擅长的就是帮孩子制订各种计划。其实,这原本就是孩子自己的事情,如果父母能够正确的引导孩子自己制订,那么他在执行的过程中就会有主动支配权,同时也能体验到更多成就感和快乐。

所以,不要越俎代庖地给孩子制订一个计划强迫他去执行,那样只会打击孩子的积极性,孩子也不领情。正确做法应是启发孩子自己制订计划,激发孩子的自觉性和主动性。

梅梅在学习上从来不需要督促,原因就是她的妈妈一直采取让她自己宣布计划的教育方式。每个月,妈妈都会让梅梅总结自己这个月的收获以及过失,引导她修改调整或者重新确立自己下个月的计划。一般,他们会隆重地开个家庭会议,就像开新闻发布会一样,让梅梅郑重地宣布自己的计划。妈妈还会把梅梅的宣布仪式录制成视频。由于这是梅梅自己制订的计划,所以她每天都主动去完成应该做的事。

那么,父母如何引导孩子自己制订计划?

· **抓住孩子想制订计划的机会**

作家约翰·艾维斯认为,父母需要帮助孩子抓住设定目标的机会。不是每个孩子都可以在你询问2021年下半学期有什么想法、目标时，马上给出一个理想的答案。有时候，孩子的目标是不经意间流露出来的，父母要及时抓住。

比如，吃晚饭的时候，孩子偶然说很希望下学期可以跟同学一样通过KET考试，那么父母就要意识到这是一个帮助他设立计划的好机会。

- **把大目标分解成具体计划**

如果孩子的目标比较大，要帮助孩子拆分为具体计划，先拆成年计划，最后再细分为月、周、天的计划。这个过程，父母可以参与进来，和孩子一起写下完成计划需要哪些步骤，给每个步骤分配时间。

比如孩子的梦想是考入厦门大学，那就要让孩子把目标拆为先考入哪个高中。然后根据自己距离中考还有多长时间，以及根据自己目前的成绩，制订详细的学习计划。

再比如，孩子体育课上的跑步总是倒数，恨恨地想下次一定要跑第一。可以先附和他的目标一定能达到，同时也要告诉他，凡事得慢慢来，引导他制订一个练习跑步的计划。

- **及时鼓励**

孩子对于目标经常过于乐观，结果很容易被现实打击：原来这么难。如果孩子跟你说想学大提琴，你鼓励他去学是对的，但不要笼统地说："你肯定能学得很好！说不定明年就能赶上谁谁谁了。"要跟孩子分析学大提琴遇到哪些挑战，比如会感到枯燥、或者额外练习可能需要占用一些玩游戏的时间等。这么做的目的不是要吓退他,而是让他知道要认真对待每一个目标和计划。

- **不过度监督**

有些父母确实让孩子自己制定学习目标了,但是因为害怕孩子不实施,就对孩子严加监督。比如,孩子在学习时,一定要在旁边看着;即使自己上班不在家,也要隔半个小时打电话监督孩子的学习情况。如此一来,孩子就会把学习当成是一种负担,认为学习是痛苦的,学习是为了父母。

在《迈向目的之路》一书中,威廉·戴蒙写道:"目标是驱动我们每天大部分行动的一个动机"那些主动制订计划去执行的孩子,无非是找到了自己的目标,愿意为之努力。

3. 找到内在动机,让孩子自觉挤时间学习

差生被迫学习,优生自觉学习。将二者拉开差距的,不是那些辅导班和兴趣班,而是孩子的内在学习动机。内在动机是相对于外在动机而言的,对孩子来说,学习的外在动机是,为了得到父母、老师给予的奖赏、鼓励等而愿意去学习。内在动机是孩子本身对学习有足够的兴趣,从而乐于主动学习。

教育心理学家杰罗姆·布鲁纳认为,内在动机的作用时间长、稳定,且具有可持续性,是促进学习的基本动力。通俗点说,就是只有孩子自己想学,学习才会真的发生,也才会持续进行。而

且内在动机越强,孩子的学习热情也就越高涨。所以,找到孩子学习的内在动机,才能让孩子主动找时间学习。

杰罗姆·布鲁纳认为孩子具有三种最基本的内在动机:好奇心驱动力、胜任感驱动力、合作驱动力。这三种基本的内在动机具有自我激励的作用,作用有效且持久,父母可以借此激发孩子学习的内在动机。比如,孩子天生就有好奇心,充满探索的欲望,只是这种好奇心和挑战的欲望比较薄弱,一不小心就被父母浇灭了,所以要注意引导和保护。教育家霍姆林斯基曾经说:"成功的欢乐是一种巨大的情绪力量,他能够促进儿童主动学习的愿望。"

有着极强内驱力的孩子会自觉挤时间去学习,能够很好地进行自我管理。当学习任务完成之后,孩子还会觉得力量充沛,特别满足。

父母应该根据孩子的心理特点,具体进行分析,找出适合孩子的最佳学习策略。要想让孩子主动找时间学习,就需要父母正确引导孩子,从而激发他们的学习欲望。

- **培养孩子内在的目标**

父母应该帮孩子建立起内在目标,这个目标是孩子能够感受到,并非常想要实现的。父母需要挖掘孩子最初的梦想,比如有的孩子想当宇航员,有的孩子想当老师,有的孩子想当运动员……作为父母,应该不断提醒孩子,不要忘记他自己的目标,并为实现这个目标做好相应的计划。

- **让孩子发现别人没看到的错误**

如果孩子能够发现一些父母老师都没发现的错误，比如课本上的一些错字或是错误答案，就能从中获取成就感。父母可以积极给孩子创造寻找错误的机会，有时候甚至可以假装做错几道题，看孩子会不会看到。当孩子没有意识到练习册或书本中存在错误时，父母可以稍作提示或暗示一下。

为了能够培养孩子这种敢于质疑的精神，父母需要让孩子从小就熟读各种图书。孩子有足够的知识，就可以在生活以及学习中准确发现一些学术错误，并及时指正。

- **用孩子感兴趣的事物来引导**

父母可以用孩子喜欢的事物来进行引导，让孩子从热衷玩游戏的玩家转为游戏的开发者，再由游戏开发进而懂得学习之重要。

另外，每个孩子在童年时期都有自己喜爱的事物，如喜欢玩汽车、喜爱拼图等。上了中学后，就应该去寻找与爱好有关的知识，比如怎样做好一名司机？汽车的发动和构造原理是什么？我在学校中学习的什么知识可以对它们进行解释？这样就把对学习的兴趣在原有基础上进一步发展。贪玩是孩子的天性，父母一味打压，不会产生成效。但若是换条思路，采用其他方法进行引导，也许会有惊奇效果。

父母通过帮助孩子找到内在的学习动力，将孩子的兴趣引导到学习上来，让孩子知道学习也可以是一件快乐的事情。

4. 不再逼迫，让写作业成为孩子自己的事

一看到孩子放学回家，没等人家放下书包，大多数父母就会条件反射地大喊："怎么还不去写作业，不写完今天就别吃饭了。"孩子本来还想和父母分享一下今天在学校的趣事，结果没了心情。见孩子没动，父母再催一次，孩子就会一脸愤怒地回屋，并且砰的一声关上房门。

如果父母在孩子一放学就逼着他写作业，会让孩子产生逆反心理，认为父母不关心自己，只关心作业，甚至还会让孩子觉得作业就是给父母做的。

只有当孩子真正认为这份作业是为他自己写的，他才是写作业的关键时，潜意识里才会积极主动地去完成这项任务。因此，父母要把写作业这件事交给孩子自己决定。

作家尹建莉的女儿圆圆，从来都是自己写作业，不用父母监督。圆圆两次跳级，16岁高考就考入清华。为什么圆圆可以这么独立又自觉呢？很简单，那就是让孩子自己决定如何执行任务。

圆圆在小学时，经常因为贪玩而忘记写作业。尹建莉偶尔会提醒孩子，但并不总催促她。有一次，圆圆甚至玩到睡觉时间，还没有写作业。尹建莉就告诉孩子："你现在想写完的话，那就睡晚一点。你要是想明早起来再写，那我明天就提前叫你起来写作业。要是你不想写作业，那就直接不写。明天上学时告诉老师，你自己忘写作业了。"圆圆思考了一会儿，决定现在开始写。

二十分钟后,圆圆把作业写完,回去睡觉了。

尹建莉的做法有以下好处:一方面能够让孩子明白作业是自己的事情,只有自己去独立处理。父母不过是帮助者而已,并不能代替孩子完成作业。另一方面能够让孩子知道不完成任务所要付出的代价,以后她就会自觉写完作业了。

然而大多数父母遇到类似的状况,是不可能这么直接下放权力。他们往往会比孩子还要着急,甚至会大声训斥责骂孩子,然后再陪孩子将作业写完。可是这种方式即便让孩子成功地把作业写完,也依旧不能让孩子产生时间观念。之后还是会无限循环下去,只要父母不监督,孩子就不会主动写作业。

很多父母似乎都忽略了一个事实,作业实际上是孩子的任务,跟自己并没有什么直接关系。另外,父母的观念存在一些错误。他们会认为,督促孩子写作业很重要,不监督的话,孩子就不会全神贯注地写作业。其实并非如此,就是因为父母时不时干扰孩子写作业,才让孩子认为,写作业不是自己的事情,而是父母的事。既然不是自己的事情,自然就很难有主动的动力。

在父母的催促下,再加上因为写错而被父母劈头盖脸地指责,写作业简直就是一段无比痛苦的经历,这会让孩子更加排斥写作业。有的父母,还会不停地絮叨,你不写是吧?不写就等老师批评吧。这看起来是让孩子承担自己应该承担的责任,但用威胁的口吻说出来只会让孩子更加逆反。

对于写作业,父母要控制自己的嘴,尽量少管,少说。孩子知道不写作业，到了学校没法交代。当父母不再关注孩子的作业，孩子就会自己拾起这个重任，并且放在自己肩膀上。如果不催不迫，父母如何才能让孩子主动写作业呢？

- **让孩子自己制订作业时间**

开始，在不知道作业会花费多少时间的情况下，父母可以让孩子将需要写的作业列出清单，然后在每项后面标上预计的时间。不要怕孩子开始估计的不准确，随着做作业的次数增多精准度会逐渐增加。最后，将这些时间全部加起来，算出总共需要多长时间，让孩子分配这些时间。饭前写多长时间，饭后写多长时间，中间休息多长时间等。

一般小学低年级的孩子注意力时间为 20 分钟，可以引导孩子按这个节奏来制订。

- **让孩子决定先做哪门作业**

有父母觉得，写作业应该先选择难的写，硬骨头啃完了，后面就轻松了。但孩子不一定这样想。孩子更愿意从容易的，自己擅长的，喜欢的入手。不要干涉孩子，更不要因此指责他，只要他能完成，目的就已达到，何必纠结于过程？而且，让孩子先做自己拿手的学科，会增强孩子的信心，降低不良情绪的干扰。

- **换种语气督促孩子**

在与孩子交流时，父母可以把命令换成询问。比如让孩子写作业时，父母这样来说："我们都吃完饭了，那接下来要做什么呢？"不要要求孩子先写什么后写什么，而是先询问孩子想先写哪科作业。对于孩子出现磨蹭、不专心的情况，可以问他写作业时需要注意哪些问题。这种方法能够让孩子主动发现自己的问题，并及时解决。也可以让孩子认为父母是来帮助他的，而不是给他增加负担。

总而言之，对于孩子写作业这件事，父母应该尽量避免用命令的口吻说话，心态平和地帮助孩子写作业，这样孩子才会更愿意主动完成自己的任务。

与其让孩子被动接受，不如给孩子一个自觉完成作业的机会。当父母不再总是监督逼迫孩子，说不定孩子会表现得更好。

5. 找到喜欢的事，孩子会争分夺秒去做

虽然学科类辅导班被强制取消了，但几乎每个孩子身上都背着兴趣班的课程，钢琴、主持、画画、跆拳道……少则一两个，多则五六个。但最终能坚持下来的却不多，多半是随着学业的加重，没有时间学了，自然就放弃了。

没有时间，有时候不过是个借口。因为鲁迅先生曾说："时间就像海绵里的水，只要愿挤，总还是有的。"进行兴趣班的删减是必要的，但如果孩子真的愿意学，把一两个坚持下去并不会没有时间。而且长期坚持，才能真正考验孩子的时间管理能力。

兵兵学了5年的小提琴，后来由于学习压力过大，选择了放弃练琴，然而并没有产生好的效果。原来以前虽然事情多，但是

为了挤时间，兵兵就会高效率地完成作业。而现在即便将所有时间都用于学业上，效率还是降低了许多。兵兵仔细思考后发现，放弃只是为了逃避困难。于是，兵兵重新开始练琴，学会很好地合理安排时间，将学习和兴趣良好协调。

可见，时间紧迫，做事效率反而高；而时间过多，就会出现磨蹭和浪费时间的情况，总认为时间还充裕。时间不多，反而能促使孩子抓紧时间，避免拖拖拉拉。

想把一件事坚持下去，并没有想象的那么难，因为我们的时间都是一分分被浪费掉的，而不是整块整块被浪费掉的。这就意味着，如果我们能利用好零碎时间，把兴趣分解到小块时间里，而不是一个大块的时间里，更容易坚持下去。

杰夫的钢琴弹得非常好，老师问他，每天花费多少时间来练习？他说大概两个小时吧。老师又问，一般都在什么时间段？他说每天固定在晚上6点半到8点半。

老师说："不，不要这样。"杰夫很惊讶，难道不是每天练习的越久越好吗？

老师接着说："等你长大后，或者等你再大点后，你就不会每天有这么长的时间专门用来练习钢琴，你还有很多事要做。你可以每天有空的时候就练，比如吃饭前的10分钟，饭后的5分钟，上学前的5分钟等。把练习的时间分散在一天的任何时间里，这样钢琴就能成为你日常生活的一部分，就算你以后很忙，也不会忘记弹钢琴。"

不要因为拿学习做借口让孩子放弃兴趣班,也不要认同孩子说没时间继续兴趣班这个理由。放任孩子放弃,不如鼓励孩子科学安排时间坚持下去。因为就算你放弃每周一节的画画,就能保证孩子能把省下的一个多小时用在学习上吗?就能因此提高学习成绩吗?

如果不能确定,就不要让孩子轻易放弃,因为总是放弃会让孩子愈加不自信,以后遇到困难就想逃跑,而不是想办法去克服。

把一两个兴趣班坚持下去,不仅能让孩子懂得合理安排时间,还能培养孩子的耐心和持之以恒的品质。无论学习任何技能,都是需要花费时间和精力的,没有一蹴而就的。坚持是一个从量变到质变的过程,不断进步会让孩子更有动力,从而实现良性循环。之所以许多学霸型孩子能够做到全面发展,就是因为他们是管理时间的高手,从不浪费一分一秒。

兴趣是让孩子管理时间的内在动力,只要有足够的学的欲望,就永远都有时间。但是,时间长了,总会有懈怠的时候。那么,父母如何鼓励孩子把兴趣坚持下去?

- **让孩子对于兴趣班产生兴趣**

以舞蹈为例,父母可以多带孩子去看舞台剧,近距离的舞台剧效果十分震撼。尤其是演员的精彩表演和观众的回应,会给孩子带来更深切的感受。本来孩子可能就对舞蹈有渴望,这种现实的碰撞,会让渴望更加具象,成为孩子坚持下去的动力。

钢琴也是如此,不要让孩子直接去学习,应该先多听各种音乐,培养一下乐感。没事的时候,去上一些韵律的游戏课。等到对音乐有触动和向往时,再去学习弹钢琴。

如果想让孩子学篮球,可以先让孩子看一些篮球的视频。在学习绘画之前,可以多领孩子看看画展,了解一些画画的知识。或者给孩子买一些绘本,让孩子进行涂鸦。

- 让伙伴带来动力

父母可以鼓励孩子和兴趣班的同伴一起练习,玩的时候互相练习新学的内容,看谁做得更好。通过互动,孩子们之间的竞争更加有趣。他们互相练习,也让孩子有了坚持下去的动力。

- 做小老师来示范

等到兴趣班放学回家时,父母可以鼓励孩子当小老师,给大家做示范,全家人一起练习,这会让孩子获得成就感。而且,有一些孩子在班级里做不好的内容,在家里反而会容易做好。这会让孩子恢复自信,也就不会害怕上课,自然也就坚持下来了。

父母可以适当给老师提点建议,比如舞蹈课课前有老师进行表演,或是放一些具有美感的视频,让孩子发现舞蹈的动人之处。中场休息时可以让孩子自由发挥,随意自由跳舞。通过这两个方法,让课堂更有趣味,更加生动,孩子也会继续坚持。

当孩子愿意学,自然就会挤时间去学。相反,如果不愿意学,就是给他再多时间,他也都在磨蹭中度过。因此,父母能做的除了鼓励孩子不随意放弃之外,还要从一开始就根据孩子的意愿,发现他的兴趣点,给他报他自己擅长的兴趣班,只有将兴趣和擅长结合起来,才能让孩子重视时间管理。